AUFLÄUFE
UND GRATINS

DIE GU KÜCHENBIBLIOTHEK

AUFLÄUFE UND GRATINS

DIE GU KÜCHENBIBLIOTHEK

Rezeptfotos: Michael Brauner
Fotos Warenkunde und Küchentechnik: Michael Brauner, Studio Teubner

Rezepte:
Cornelia Adam
Reinhardt Hess
Marey Kurz
Gudrun Ruschitzka

Inhalt

PERFEKTE AUFLAUFKÜCHE

Aufläufe, Gratins, Soufflés und Flans verbreiten einen verführerischen Duft in der ganzen Wohnung und schmecken einfach köstlich. Sie sind problemlos vorbereitet und garen, ohne daß man sie dabei ständig im Auge behalten muß. Ideal also für die unkomplizierte Alltagsküche, aber auch für die Gästebewirtung, denn Sie können sich Ihren Besuchern ganz entspannt widmen und in Ruhe die Vorspeise oder den Aperitif genießen, während das Hauptgericht im Backofen langsam eine appetitlich braune Kruste bekommt.

Übrigens: Umluftherde brauchen bei längeren Backzeiten nicht vorgeheizt werden. Nur bei Soufflés und bei Gerichten mit einer Garzeit unter 20 Minuten haben wir auch Umluftherde schon vorher angeheizt.

Von Backofen zu Backofen

Eine große Rolle bei der Zubereitung spielt natürlich der Backofen. Nicht jeder heizt gleich schnell vor, und auch beim Backen selbst erreichen nicht alle die gleiche Temperatur. Die Backzeiten in diesem Buch sind daher immer als Richtwerte zu verstehen, die um einige Minuten abgewandelt werden müssen oder können. Sicher kennen Sie Ihren Backofen am besten und sind mit seinen »Eigenarten« vertraut – und können die Backzeiten der Gerichte in diesem Buch entsprechend anpassen.

Wer die Gerichte in den nicht vorgeheizten Backofen schieben und schon die Anwärmzeit zum Garen nutzen möchte (geht nicht bei Soufflés!), muß 5–10 Min. auf die Garzeit aufschlagen.

Um festzustellen, ob das Gericht ausreichend gegart ist, gibt es verschiedene Möglichkeiten:

- Stechen Sie mit einem Messer hinein: So können Sie feststellen, ob Gemüse wie Kartoffeln schon weich sind.
- Die Oberfläche sollte immer eine appetitliche Farbe haben.
- Ist das Gericht schon fertig gegart, aber noch nicht braun genug, schalten Sie einfach für kurze Zeit den Grill ein.
- Ist die Oberfläche dagegen schon wunderbar knusprig, das Innenleben aber noch allzu bißfest, decken Sie die Oberfläche mit Alufolie ab, damit sie nicht verbrennt.
- Aufläufe mit Eiern und Sahne oder anderen Milchprodukten sollten zwar saftig, aber fest sein. Rütteln Sie leicht an der Form. Ist der Inhalt noch zu flüssig, geben Sie etwas Backzeit zu.

Die Temperaturen von Ober- und Unterhitze bzw. Umluft:

Ober-/Unterhitze	Umluft
150°	140°
180°	160°
200°	180°
225°	200°
250°	220°

Butter oder anderes Fett?

Für manche Gerichte wird die Form nur gefettet, damit nichts anbrennt, andere bekommen durch das verwendete Fett zusätzliches Aroma. Wenn man mehr Geschmack bekommen möchte, nimmt man in der Regel Butter, in allen anderen Fällen können Sie zwischen Öl, Butter und Margarine wählen. Sie finden in der Zutatenliste deshalb manchmal die Angabe: Butter für die Form, an anderer Stelle: Fett für die Form.

Nachruhe tut gut

Viele Backofengerichte schmecken noch feiner und lassen sich auch noch besser servieren, wenn man sie nach dem Backen noch 5–10 Minuten im abgeschalteten Backofen stehenläßt. Sie sind dann nicht mehr ganz so heiß, was dem Geschmack nur guttut und zudem beim Anschneiden weniger flüssig.

Eine Ausnahme sind Soufflés, die immer sofort serviert werden müssen, damit sie nicht wieder in sich zusammenfallen.

Denken Sie daran, Aufläufe immer kräftig abzuschmecken. Am besten jede Schicht würzen, denn beim Backen verflüchtigt sich ein Teil der Würze.

Das macht die Vorbereitung schneller

- Käse frisch reiben und portionsweise einfrieren. Er kann gefroren verwendet werden.
- Gemüse putzen, blanchieren und kalt abschrecken. Nach dem Abkühlen ebenfalls in geeigneten Portionen einfrieren. Vor dem Verwenden auftauen.
- Tomaten häuten und würfeln. In Plastikdosen einfrieren. Auftauen lassen.
- Nudeln, Reis und andere Getreidekörner wie gewohnt garen und gleich nach dem Abschrecken (Nudeln) oder Abkühlen (Reis und Getreide) in Dosen verpackt einfrieren. Aufgetaut verwenden.
- Hülsenfrüchte aus der Dose verwenden, sie haben ebensoviele Nährwerte wie selbst gekochte. Achten Sie aber darauf, daß sie keine anderen Zutaten wie Tomaten oder spezielle Gewürze enthalten.

Der GU-Wegweiser zum richtigen Rezept

Damit Sie für jede Gelegenheit das passende Backofengericht finden, folgt auf den nächsten Seiten der Wegweiser zum richtigen Rezept. Er enthält alle wichtigen Informationen über die Gerichte und ihre Eigenschaften und erschließt Ihnen die Vielfalt des Buches auf einen Blick.
Dazu wurde jedes Rezept geprüft, klassifiziert und mit Wertmarken wie »Gelingt leicht«, »Preiswert« oder »Vegetarisch« versehen. Da die meisten Rezepte mehrere Eigenschaften haben, und jeder Wertmarke eine Farbe zugeordnet ist, ist eine richtig bunte und informative Tabelle entstanden.
Die jeweils wichtigste Wertmarke, die das Gericht am besten charakterisiert, finden Sie farblich hervorgehoben auf den Rezeptseiten wieder.

Die Zeit
Zwar erwartet man bei Aufläufen und Co. nicht gerade, daß sie im Handumdrehen zubereitet sind. Aber wer nicht viel Zeit für die Vorbereitung aufwenden möchte, ist froh, wenn diese Arbeiten zügig von der Hand gehen. In der Tabelle finden Sie die Zubereitungszeiten und (in Klammern) die Backzeiten. Alle Backofengerichte, für die Sie bei der Zubereitung nicht mehr als 30 Minuten aufwenden müssen, haben daher in der Tabelle beim Stichwort **Schnell** eine Markierung. Andere dagegen, bei denen längere Vorbereitungs- und auch Ruhezeiten anfallen, sind mit **Braucht etwas Zeit** gekennzeichnet.
Ebenfalls unter dem Zeitaspekt ist es interessant, ob Gerichte gut vorzubereiten sind. Rezepte mit der Wertmarke **Läßt sich gut vorbereiten** können am Abend zuvor, morgens oder mehrere Stunden vor dem Garen komplett vorbereitet werden und im Kühlschrank warten, bis sie in den Backofen kommen.

Die Kalorien
Zu jedem Backofengericht erfahren Sie den Kaloriengehalt pro Person (die meisten sind für 4 Personen, manche auch für 6, 8 oder noch mehr Esser). Hier können Sie auf einen Blick sehen, ob Sie sich für einen eher leichten oder einen richtig deftigen Genuß entschieden haben. Zu diesem Zweck ist auch der Fettgehalt pro Portion angegeben.

Weitere Eigenschaften
Interessante Gerichte, deren Zutaten den Geldbeutel nicht belasten, sind unter der Rubrik **Preiswert** zu finden. Alles, was problemlos auch Anfängern und solchen, die nicht viel Übung haben, gelingt, hat die Wertmarke **Gelingt leicht** bekommen. Außerdem finden Sie auf einen Blick alle Gerichte, die ohne Fleisch und Fisch auskommen, unter dem Stichwort **Vegetarisch**. Und, damit Sie ohne Mühe eine **Vorspeise** von einer **Beilage** unterscheiden können, finden Sie einen entsprechenden Hinweis in der letzten Spalte. Rezepte ohne besondere Bezeichnung sind immer Hauptgerichte, bei den süßen Gerichten steht immer, ob sie zum Sattessen sind **(Hauptgericht)**, oder ob es sich eher um ein **Dessert** handelt.

Der besondere Anlaß
Mit dem Vermerk **für Gäste** sind Rezepte versehen, die nicht alltäglich sind. Einige davon sind etwas aufwendiger in der Zubereitung, für andere brauchen Sie besondere Zutaten, aber viele lassen sich gut vorbereiten und gelingen leicht. Rezepte, die sich besonders gut zur Bewirtung **einer großen Runde** eignen, sind ebenfalls vermerkt. Bei manchen sind die Zutaten bereits für viele Personen angegeben, andere lassen sich mengenmäßig problemlos verdoppeln oder verdreifachen.

Unendlich viele Kombinationsmöglichkeiten
Nun sehen Sie schon, daß es wichtig ist, mehrere Eigenschaften der Rezepte zu kennen, um das passende für jeden Anlaß auszuwählen. Manchmal braucht man eben ein **schnelles** Rezept **für die große Runde** oder eines, das sich ganz leicht **vorbereiten läßt** und **vegetarisch** ist.

Das besondere Rezept !

Einige Rezepte des Buches haben wir als besondere Rezepte hervorgehoben. Anhand dieser Beispiele wird erklärt, welche Eigenschaften dieses Rezept zu einem Gästerezept machen, warum ein anderes leicht gelingt und warum das dritte so schnell ist. Dazu gibt es Tips, wie es noch feiner, noch schneller, noch praktischer wird.
Die besonderen Rezepte sind im Buch leicht zu finden, der Text steht auf einer gelben Seite.

GU-WEGWEISER ZUM RICHTIGEN REZEPT

Seite	Rezept	Zubereitungs-zeit	Kalorien pro Portion	Fett pro Portion	Gelingt leicht
	MIT GEMÜSE				
24	Gratin aus grünem Spargel, Schinken und Gorgonzola	25 Min. (+ 15 Min.)	325	26 g	
24	Gratinierter Staudensellerie mit Parmesan	20 Min. (+ 15 Min.)	180	12 g	
25	Überbackene Riesenchampignons	1 Std. (+ 15–20 Min.)	260	19 g	
26	Gratin dauphinois	20 Min. (+ 50 Min.)	430	26 g	
27	Gratin dauphinois mit Käse	20 Min. (+ 1 Std.)	540	34 g	
27	Kartoffelgratin mit Steinpilzen	20 Min. (+ 1 3/4 Std.)	520	35 g	
27	Kartoffelgratin mit Speck und Birnen	40 Min. (+ 25–30 Min.)	375	13 g	
28	Rosenkohlgratin	30 Min. (+ 12 Min.)	230	14 g	
28	Papayagratin mit Shrimps	45 Min. (+ 20 Min.)	185	10 g	
29	Kartoffel-Zwiebel-Auflauf	40 Min. (+ 40 Min)	395	37 g	
30	Türkische Auberginen	40 Min. (+ 20 Min.)	165	9 g	
30	Indisches Blumenkohlgratin	40 Min. (+ 20 Min.)	385	21 g	
31	Zucchini-Fächer	45 Min. (+ 30 Min.)	150	9 g	
33	Pilzpuffer-Gratin	40 Min. (+ 25 Min.)	635	48 g	
34	Toskanischer Zucchiniauflauf	45 Min. (+ 30 Min.)	445	37 g	
34	Broccoliauflauf mit Schinken und Schafkäse	30 Min. (+ 25–30 Min.)	550	41 g	
35	Tomaten Yemistes	30 Min. (+ 2 Std.)	505	29 g	
36	Gefülltes Omelett mit Spinat	25 Min. (+ 7–10 Min.)	300	25 g	
37	Überbackene Eier in Sauerampfercreme	30 Min. (+ 10–15 Min.)	420	36 g	
37	Gratinierte Eierkuchenröllchen	50 Min. (+ 10–15 Min.)	635	34 g	
39	Hirse-Gemüse-Auflauf	40 Min. (+ 40 Min.)	695	54 g	
40	Kürbisgratin mit Tomaten	35 Min. (+ 25 Min.)	350	24 g	
41	Polentagratin	30 Min. (+ 1–1 1/4 Std.)	760	36 g	
42	Pilzgratin mit Lauch und Speck	55 Min. (+ 20 Min.)	620	41 g	
42	Möhren-Lauch-Gratin	20 Min. (+ 40 Min.)	530	39 g	
43	Wirsing-Kartoffel-Gratin	55 Min. (+ 35 Min.)	535	38 g	
45	Gratinierter Chicorée mit Gemüsefüllung	45 Min. (+ 25–30 Min.)	635	29 g	
46	Gratinierte Schwarzwurzeln in Kräuter-Senf-Sauce	40 Min. (+ 20 Min.)	520	26 g	
47	Nudelauflauf mit dreierlei Käse	1 Std. (+ 25–30 Min.)	720	37 g	
47	Würziger Brotauflauf	30 Min. (+ 45–50 Min.)	770	42 g	
48	Gemüsecannelloni	50 Min. (+ 35–40 Min.)	675	32 g	
49	Spinatlasagne Florentiner Art	40 Min. (+ 35–40 Min.)	885	44 g	
50	Geschichtete Auberginen mit Tomaten und Paprika	1 1/2 Std. (+ 40 Min.)	545	41 g	
51	Janssons Versuchung	30 Min. (+ 1 Std.)	475	33 g	
52	Kichererbsen-Gemüse-Auflauf	13 Std. (+ 45–50 Min.)	685	42 g	
52	Kartoffel-Kraut-Gratin	40 Min. (+ 40 Min.)	600	39 g	
53	Bohnengratin mit Paprika	13 Std. (+ 30 Min.)	675	24 g	
	MIT FLEISCH UND GEFLÜGEL				
56	Sellerie-Hähnchen-Auflauf	40 Min. (+ 50 Min.)	515	34 g	
57	Hühnerbrüstchen auf Kidneybohnen	30 Min. (+ 25 Min.)	590	32 g	
58	Hähnchen-Pilz-Gratin	9 Std. (+ 35 Min.)	615	48 g	
58	Gratinierte Artischockenböden	30 Min. (+ 10–12 Min.)	330	22 g	

Schnell	Preiswert	Läßt sich gut vorbereiten	Für Gäste	Für die große Runde	Braucht etwas Zeit	Vegetarisch	Ideal als …
■		■					Vorspeise
■	■			■		■	Vorspeise
	■		■	■			Vorspeise
■	■			■		■	Beilage
■	■			■		■	Beilage
■	■		■			■	Beilage
■	■						Beilage
■	■	■				■	Beilage
		■	■	■			Vorspeise
	■	■	■			■	Beilage
	■	■	■			■	Beilage
	■	■	■			■	Beilage
	■	■	■			■	Vorspeise
			■			■	
	■			■		■	
■		■					
	■				■	■	
■	■					■	Vorspeise
■			■			■	Vorspeise
	■	■				■	
			■			■	
	■	■	■			■	
	■	■					
	■						
■	■			■		■	
	■	■		■			
	■	■	■				
		■	■			■	Vorspeise
		■		■			
■		■				■	
	■	■				■	
			■			■	
			■		■	■	
■	■						
	■				■	■	
	■					■	
		■	■		■		
■	■	■					
■	■	■					Vorspeise
		■			■		
■							Vorspeise

GU-WEGWEISER ZUM RICHTIGEN REZEPT

Seite	Rezept	Zubereitungszeit	Kalorien pro Portion	Fett pro Portion	Gelingt leicht
59	Gratinierte Kohlrabi mit Putenfüllung	1 Std. (+ 20 Min.)	620	49 g	
60	Mexikanische Tortillas mit Hackfleischfüllung	50 Min. (+ 10 Min.)	850	38 g	
61	Gratinierte Palatschinken mit Hack	50 Min. (+ 5–7 Min.)	760	44 g	
63	Moussaka	2 Std. (+ 1 Std.)	765	46 g	x
64	Kalbfleisch mit Nudeln aus dem Ofen	30 Min. (+ 1 1/2 Std.)	745	27 g	
65	Marinierte Kalbsschnitzel unter Pilzhaube	55 Min. (+ 20 Min.)	590	42 g	x
66	Chinakohl mit Schweinemett-Füllung	45 Min. (+ 30 Min.)	425	30 g	
67	Zwiebelröllchen mit Kalbshack	30 Min. (+ 30 Min.)	425	20 g	
67	Auflauf mit Schweinefleisch und grünen Nudeln	25 Min. (+ 25 Min.)	820	49 g	x
68	Nudelauflauf mit Geflügelleber und Spinat	40 Min. (+ 25 Min.)	735	36 g	x
69	Grüne Putenlasagne	50 Min. (+ 40 Min.)	855	46 g	x
70	Thüringer Wurstgratin	1 1/4 Std. (+ 35 Min.)	705	54 g	x
70	Deftiges Sauerkrautgratin	35 Min. (+ 35 Min.)	660	45 g	x
71	Schinken-Möhren-Auflauf	50 Min. (+ 35 Min.)	540	29 g	x
73	Reis mit Kaninchen und Eierkruste	10 Std. (+ 15–20 Min.)	920	48 g	
74	Türkisches Lamm mit Joghurtsauce	1 Std. (+ 35–40 Min.)	605	41 g	x
75	Korsisches Lammgratin	1 1/4 Std. (+ 40 Min.)	565	41 g	x
76	Polenta-Kürbis-Auflauf	40 Min. (+ 50 Min.)	770	51 g	
77	Kalbfleisch-Dinkel-Auflauf	40 Min. (+ 1 Std.)	630	36 g	x
78	Kichererbsen mit Fleischbällchen	11 Std. (+ 25 Min.)	745	38 g	
79	Tessiner Polentagratin	45 Min. (+ 45 Min.)	760	30 g	
	MIT FISCH UND CO.				
82	Kleine Lachsgratins	20 Min. (+ 25 Min.)	160	9 g	
82	Lachsgratin unter Champignonhaube	40 Min. (+ 20 Min.)	780	43 g	x
83	Schollenröllchen auf Kräutersahne	30 Min. (+ 20 Min.)	675	38 g	
85	Muscheln mit Risotto überbacken	50 Min. (+ 10 Min.)	560	23 g	
86	Gratinierte Schollenfilets	30 Min. (+ 30 Min.)	325	19 g	x
86	Jakobsmuscheln auf Sahnelauch	20 Min. (+ 5 Min.)	240	16 g	x
87	Gratinierter Seelachs auf Paprika-Tomaten-Bett	25 Min. (+ 20 Min.)	565	36 g	x
88	Heilbutt-Erbsen-Auflauf	20 Min. (+ 35 Min.)	195	9 g	
89	Gratinierte Paprika mit Thunfischfüllung	25 Min. (+ 20 Min.)	325	18 g	
90	Fisch auf Spetsae-Art	40 Min. (+ 15–20 Min.)	450	18 g	x
91	Heilbutt-Gemüse-Gratin	1 Std. (+ 45–50 Min.)	480	19 g	x
92	Räucherfisch-Gemüse-Gratin	30 Min. (+ 20 Min.)	625	40 g	x
92	Gratin mit Shrimps und Austernpilzen	25 Min. (+ 20 Min.)	615	45 g	
93	Sesam-Fisch-Auflauf	30 Min. (+ 50 Min.)	765	40 g	x
95	Kartoffeln mit Garnelen	50 Min. (+ 35–40 Min.)	670	31 g	
96	Kartoffel-Fisch-Gratin	40 Min. (+ 40 Min.)	665	34 g	x
97	Lachshering-Spinat-Auflauf	40 Min. (+ 40 Min.)	885	57 g	
98	Schellfisch-Spinat-Auflauf	40 Min. (+ 20–25 Min.)	420	30 g	x
98	Fenchel-Rotbarsch-Gratin	25 Min. (+ 20 Min.)	530	32 g	x
99	Sächsisches Lachsgratin mit Wein	30 Min. (+ 30 Min.)	680	48 g	x
100	Schwarz-weißes Nudelgratin	1 Std. (+ 25 Min.)	840	47 g	x

Schnell	Preiswert	Läßt sich gut vorbereiten	Für Gäste	Für die große Runde	Braucht etwas Zeit	Vegetarisch	Ideal als …
							Vorspeise
							Vorspeise
							Vorspeise

GU-WEGWEISER ZUM RICHTIGEN REZEPT

Seite	Rezept	Zubereitungszeit	Kalorien pro Portion	Fett pro Portion	Gelingt leicht
101	Gratinierte Tintenfische	35 Min. (+ 10–15 Min.)	720	29 g	
	SOUFFLÉS UND FLANS				
104	Kartoffel-Thunfisch-Soufflé	40 Min. (+ 35 Min.)	555	23 g	x
105	Spinatsoufflé	1 1/4 Std. (+ 45 Min.)	405	31 g	
106	Hirsesoufflés	1 Std. (+ 30 Min.)	290	15 g	x
107	Quinoa-Kräuter-Soufflé	30 Min. (+ 40 Min.)	355	22 g	x
109	Käsesoufflé	30 Min. (+ 35–40 Min.)	495	37 g	
110	Forellensoufflé mit Dillcreme	55 Min. (+ 30 Min.)	250	19 g	x
111	Harlekinpilze mit Grünkernhaube	30 Min. (+ 40 Min.)	745	55 g	x
112	Frischkäsesoufflé mit Zuckerschoten	20 Min. (+ 40–45 Min.)	525	46 g	
112	Lauchsoufflé mit Gorgonzola	20 Min. (+ 40 Min.)	595	51 g	x
113	Champignonsoufflé mit Kressesauce	1 Std. (+ 25 Min.)	280	24 g	
114	Fisch-Krabben-Soufflés	30 Min. (+ 15–20 Min.)	235	16 g	
114	Tomaten mit Parmesansoufflé	35 Min. (+ 25–30 Min.)	500	40 g	
115	Artischocken-Flans mit Tomaten	30 Min. (+ 30–35 Min.)	265	16 g	x
116	Gemüseflan	45 Min. (+ 25–30 Min.)	300	25 g	x
117	Spargelflan	45 Min. (+ 20–25 Min.)	140	13 g	x
117	Zucchiniflan	30 Min. (+ 25 Min.)	255	24 g	x
117	Broccoliflan	45 Min. (+ 20–25 Min.)	130	9 g	x
	SÜSSES AUS DEM OFEN				
120	Pfirsich-Ricotta-Soufflé mit Pinienkernen	20 Min. (+ 35 Min.)	610	37 g	
120	Kokossoufflé	15 Min. (+ 30 Min.)	390	27 g	x
121	Grießsoufflé mit Kirschkompott	35 Min. (+ 40 Min.)	450	16 g	x
122	Birnensoufflé	1 Std. (+ 40–45 Min.)	330	10 g	
123	Kleine Quarksoufflés mit Aprikosensauce	40 Min. (+ 50 Min.)	215	9 g	x
125	Portweinsoufflé	30 Min. (+ 30 Min.)	200	8 g	
126	Walnuß-Apfel-Flan	20 Min. (+ 20 Min.)	225	14 g	
127	Joghurtauflauf mit Himbeeren	45 Min. (+ 35–45 Min.)	385	17 g	x
128	Kirsch-Quark-Auflauf	50 Min. (+ 35 Min.)	685	25 g	x
129	Quarkauflauf mit Mohn	30 Min. (+ 50 Min.)	475	25 g	x
130	Beerengratin	25 Min. (+ 20 Min.)	440	19 g	x
130	Gratin aus exotischen Früchten	25 Min. (+ 15 Min.)	435	21 g	x
131	Gebackene Feigen mit Sesam und Wein	35 Min. (+ 25 Min.)	280	6 g	
133	Apfelgratin mit Vanillesauce	50 Min. (+ 25 Min.)	525	33 g	x
134	Kirschenmichel	40 Min. (+ 45–50 Min.)	500	13 g	x
135	Schokoladenreis-Auflauf mit Birnen	1 Std. (+ 40–45 Min.)	540	33 g	x
136	Erdnuß-Möhren-Auflauf	30 Min. (+ 35 Min.)	460	21 g	x
136	Kürbisgratin mit Nüssen	1 Std. (+ 25–30 Min.)	590	31 g	x
137	Lebkuchenauflauf mit Weinschaumsauce	1 Std. (+ 1 Std.)	425	32 g	x
138	Amaranthflan mit Waldbeeren	15 Min. (+ 15–20 Min.)	220	11 g	
138	Buchweizenflan mit Orangen	15 Min. (+ 25 Min.)	355	18 g	x
139	Gratinierte Pfannkuchen	30 Min. (+ 10–15 Min.)	460	23 g	

Schnell	Preiswert	Läßt sich gut vorbereiten	Für Gäste	Für die große Runde	Braucht etwas Zeit	Vegetarisch	Ideal als …
	■	■	■				
	■						
	■		■			■	Vorspeise
	■					■	Beilage
■			■			■	Beilage
■	■		■			■	
			■	■			Vorspeise
■			■			■	
■			■			■	Beilage
■	■		■			■	
	■		■				
■			■				Vorspeise
	■		■			■	Vorspeise
■		■	■			■	Vorspeise
	■		■			■	Vorspeise
			■			■	Vorspeise
	■		■			■	Vorspeise
	■		■			■	Vorspeise
■			■			■	Hauptgericht
■			■			■	Dessert
	■		■			■	Hauptgericht
	■		■		■	■	Dessert
	■	■		■		■	Dessert
■			■			■	Dessert
■	■		■	■		■	Dessert
		■	■			■	Dessert
	■		■			■	Hauptgericht
■			■			■	Hauptgericht
■		■	■			■	Dessert
■			■			■	Dessert
		■	■			■	Dessert
	■	■				■	Dessert
	■					■	Hauptgericht
		■			■	■	Hauptgericht
■	■					■	Dessert
	■					■	Dessert
	■		■		■	■	Dessert
■			■			■	Dessert
■		■				■	Dessert
■	■		■			■	Dessert

KÜCHENTECHNIK

Eines verbindet Gratin, Auflauf, Soufflé und Flan: Alle vier kommen köstlich duftend aus dem Backofen, sind äußerst vielseitig und dabei ideal für die Gästebewirtung. Die einzelnen Begriffe sind längst nicht mehr nur eine Frage der Küchentechnik, sondern eher eine der Nationalität.

In Frankreich, dem Land der raffinierten Kochkunst, macht man feine Unterschiede zwischen Gratin, Soufflé und Flan. Die meisten nehmen es damit nicht ganz so genau. Sie nennen diverse Mischungen aus Fleisch, Gemüse, Nudeln, Reis oder Kartoffeln, die mit einer Sauce oder Eiern verbunden sind und mit mehr oder weniger knuspriger Kruste aus dem Ofen hervorgezaubert werden, schlicht und ergreifend Auflauf.

Zurück zur genaueren Definition der Franzosen: Was ist eigentlich ein **Gratin**? In der Regel handelt es sich hierbei um Gemüse oder Fleisch, das bereits im Backofen oder im Topf auf der Herdplatte vorgegart wurde und anschließend im Backofen pur, mit Sahne oder Sauce begossen, knusprig überkrustet wird. Die Basis der Kruste sind meist geriebener Käse, Butterflöckchen oder Semmelbrösel.

Für ein **Soufflé** gibt es in der deutschen Sprache keinen adäquaten Ausdruck. Das französische Wort »souffler« bedeutet »hauchen« oder »blasen«. Die Haupteigenschaft eines Soufflés ist die lockere Luftigkeit. Und die hat es dem Eischnee zu verdanken, der stets mit von der Partie ist und das zarte Gebilde aus Käse, Gemüse oder Früchten im Backofen »auflaufen« läßt. Die Kunst dabei ist, daß das Soufflé rasch aufgeht, dabei richtig durchgart und an der Oberfläche eine feine Kruste bekommt. **Aufläufe** werden auch ganz ähnlich zubereitet, nämlich mit Eiern.

Auch beim **Flan** lockert der Eischnee die feine Masse. Die Besonderheit ist das schonende Garen im Wasserbad. Übrigens, der Flan heißt mancherorts auch Pudding. Doch bei allem Begriffs-Wirrwarr: Das Wichtigste ist, daß das Gericht aus dem Backofen gelingt und schmeckt. Auf den folgenden Seiten erfahren Sie, worauf es ankommt.

GRATIN

Zum Gratinieren, was soviel wie Überbacken heißt, eignen sich Gemüse, Teigwaren, Fleisch und Fisch. Die meisten Zutaten kommen vorgegart in die Form.
Das **Gemüse** knackig vorgaren.

Damit Farbe und Nährstoffe möglichst optimal erhalten bleiben, werden Bohnen, Erbsen, Zuckerschoten, Spinat und Möhren nach dem Vorgaren in kochendem Wasser in Eiswasser abgekühlt.

Gemüse wie Zucchini, Auberginen und Paprika entwickeln einen besonders guten Geschmack, wenn sie vor dem Gratinieren in Fett angebraten werden.
Das populärste aller Gratins, das »Gratin dauphinois«, bildet eine Ausnahme. Hier werden rohe, in feine Scheiben geschnittene Kartoffeln in die Gratinform geschichtet. Deshalb muß es auch länger im Ofen bleiben.

Am besten eignen sich für Kartoffel-Gratins festkochende Sorten wie Christa, Gloria oder Granola.

Teigwaren bißfest garen. Nach dem Garen mit kaltem Wasser abbrausen, sonst werden sie nach dem Überbacken matschig. Ideal für Backofengerichte sind robuste Nudelsorten wie Makkaroni, Spiralnudeln oder breite Bandnudeln.

Fischfilets werden vor dem Gratinieren meist gedämpft oder gebraten. Besonders aromatisch schmecken sie, wenn sie vor dem Garen in einer würzigen Marinade, zum Beispiel mit Weißwein oder Zitronensaft und Kräutern ziehen.

Fleisch wird ebenfalls vorher angebraten oder gedämpft. Geeignet sind Stücke zum Kurzbraten, zum Beispiel Schnitzel.

Das können Sie vorbereiten

Die vorbereiteten, vorgegarten und wieder abgekühlten Zutaten können bereits in die eingefettete Form gefüllt werden. Mit Frischhaltefolie abdecken und in den Kühlschrank stellen. Vor dem Überbacken mit frisch geriebenem Käse oder Butterflöckchen bestreuen.

Die krosse Kruste

Ideal sind Käsesorten, die gut schmelzen. Wer es würzig liebt, verwendet Emmentaler, Greyerzer, Appenzeller, mittelalten Gouda oder Pecorino. Wer es etwas milder mag, nimmt Mozzarella. Damit das Gratin nicht zu trocken wird, belegt man es mit Butterflöckchen oder beträufelt es mit Olivenöl. Semmelbrösel machen die Oberfläche besonders knusprig. Aber auch darübergestreute Sesamsamen, gehackte Walnüsse oder Pinienkerne geben krossen Biß.

Bei süßen Gratins werden die Früchte mit einer Ei-Zucker-Masse übergossen. Durch das Karamelisieren des Zuckers entsteht eine aromatische und appetitlich braune Kruste.

Die perfekte Form

Die typische Gratinform ist relativ flach. Sie kann rund, oval, quadratisch oder rechteckig sein. Ovale und rechteckige sind besonders gut für längere Gemüsesorten, zum Beispiel Spargel oder Lauch. Geeignete Materialien sind Porzellan, Glas oder Metall. Metall leitet die Hitze am besten und eignet sich besonders gut für Gratins. Von einigen Herstellern werden auch Henkelpfannen, manchmal auch Brat- und Servierpfanne genannt, angeboten. Diese Pfannen aus Edelstahl oder speziellem Email sind besonders praktisch, denn in ihnen kann man sowohl anbraten, als auch anschließend überbacken, das spart Geschirr.

Richtig einfetten

Verstreichen Sie sehr weiche, aber besser nicht ganz flüssige Butter in der kalten Form. Hierfür ein Stück Butter in einem kleinen Topf oder in einer Tasse beim Vorheizen des Backofens kurz mit hineinstellen. Noch zeitsparender ist folgende Methode: Ein Stück Butter in die Form legen und diese beim Vorheizen einige Minuten in den Ofen stellen. Die Form herausnehmen und das Fett mit einem Pinsel verstreichen.

Das Überbacken

Gratiniert wird, je nach Formhöhe und Backofen, in oder über der Mitte des Backofens. Gare oder fast gare Zutaten, in noch heißem Zustand in den vorgeheizten Backofen geschoben, haben eine kurze Gratinierzeit. Vorgegarte und abgekühlte Zutaten brauchen länger. Hier empfiehlt es sich, anfangs mit Alufolie abzudecken, damit das Gratin nicht austrocknet. Richten Sie sich möglichst nach den angegebenen Backzeiten. Sind Gratins zu lange im Ofen, werden sie leicht trocken.

AUFLAUF

Man mischt Gemüse, Fleisch, Fisch oder auch Früchte mit Kartoffeln, Nudeln, Hülsenfrüchten, Reis oder anderen Getreidekörnern, begießt diese Mischung mit Eiern, Sahne oder einer cremigen Sauce, und bestreut die Oberfläche mit Käse. Das Ganze wird im Ofen knusprig gebacken.

Gemüse kürzer vorgaren als beim Gratin, da ein Auflauf länger in der Röhre ist.

Fleisch, zum Beispiel Hackfleisch, vorher anbraten, denn dabei entwickeln sich Röststoffe, die dem Auflauf Geschmack geben. Auch Fisch kommt bereits vorgegart – gebraten oder gedämpft – in die Form.
Kartoffeln als Pellkartoffeln garen, schälen und in Scheiben schneiden. **Nudeln** bißfest garen, dann mit kaltem Wasser abschrecken, damit der Garprozeß sofort unterbrochen wird. **Hülsenfrüchte** und **Getreidekörner** ebenfalls vorgaren.

Aufläufe zählen zu den beliebten **Resteverwertern.** Kartoffeln, Reis und Nudeln, aber auch Fleisch- oder Fischreste können im Auflauf nochmals groß rauskommen. Aber auch hier gilt: Jedes Gericht schmeckt nur so gut wie die verwendeten Zutaten. Daher keinesfalls überlagerten Käse nehmen, denn der entwickelt beim Erhitzen einen unangenehmen Geschmack.

Eier oder Sauce als Bindemittel

Besonders unkompliziert und schnell gelingt ein Auflauf mit Eiermilch. Gehaltvoller und cremiger wird er, wenn Sie statt Milch Sahne oder Crème fraîche verwenden. Bei zahlreichen Aufläufen ist eine Béchamelsauce das Bindeglied. Ob Sahne, Eiermilch oder Béchamelsauce, es kann kräftig gewürzt werden. Falls Käse in die Sauce kommt, beim Salzen etwas zurückhaltender sein.

Die perfekte Form

Auflaufformen sind in der Regel höher als die für Gratins. Wer einen Auflauf für viele Gäste bereitet, gart ihn in einem tiefen Backblech. Für Aufläufe mit Eischnee, also mit Soufflécharakter, sind hohe, runde Formen mit glattem Rand ideal.

Die krosse Kruste

Mit Käse, Butterflöckchen und Semmelbröseln verhält es sich ähnlich wie beim Gratin, allerdings kommen diese Zutaten häufig erst später hinzu. Droht der Auflauf zu dunkel zu werden, decken Sie locker mit Alufolie ab. Aber auf keinen Fall so auflegen, daß die Form dicht verschlossen ist, sonst bildet sich Kondenswasser und die Oberfläche wird nicht knusprig.

Richtig einfetten

Das funktioniert wie beim Gratin. Formen für deftige rustikale Aufläufe können auch mit Schmalz oder einer Speckschwarte gefettet werden.

Das können Sie vorbereiten

Die einzelnen vorgegarten Zutaten lassen sich bereits in die gefettete Form schichten und mit Frischhaltefolie abgedeckt im Kühlschrank etwa einen Tag aufbewahren. Auch die Béchamelsauce können Sie vorbereiten und separat kühl stellen. Da sie im erkalteten Zustand dickflüssiger wird, muß sie vor der weiteren Verwendung nochmals langsam erhitzt werden, dabei eventuell noch etwas Milch hinzufügen.

Das Backen

Aufläufe werden meist auf der unteren Schiene des Ofens gebacken. So können Aufläufe mit Eischnee besser aufgehen und solche mit Eiermilch, Sahne oder Béchamelsauce erst garen, ohne daß dabei die Oberfläche zu stark bräunt.

Bechamelsauce zubereiten

Hierfür Butter in einem Topf zerlassen, Mehl hinzufügen und verrühren. Die Hitze darf dabei keinesfalls zu stark sein.

Ständig rühren, so daß sich die Masse überall vom Topfboden löst.

Den Topf von der Herdplatte ziehen, dann die Milch angießen. Entstehende Klümpchen sofort mit einem Schneebesen glattrühren.

Die Sauce nun wieder langsam erhitzen, dabei ständig schlagen und so lange unter gelegentlichem Rühren leise köcheln lassen, bis sie schön sämig ist. In die leicht abgekühlte Sauce mit dem Schneebesen einzeln die Eigelbe schlagen. Dann die übrigen Zutaten untermischen.

SOUFFLÉ UND FLAN

Das Soufflé

Die Basis eines Soufflés ist meist eine Béchamelsauce, die Zubereitung finden Sie auf Seite 16.
Unter die lauwarme Sauce wird der Eischnee gehoben. Hierfür die Eiweiße in einer weiten Schüssel mit den Quirlen des elektrischen Handrührgerätes auf kleinster Stufe schlagen.

Eischnee gelingt besser, wenn Sie beim Schlagen 1 Prise Salz oder 2–3 Tropfen Zitronensaft hinzufügen.

Der Eischnee soll schön steif, aber noch geschmeidig sein. Keinesfalls zu lange schlagen, denn dann wird er grobflockig und läßt sich kaum mehr unter die Sauce heben. Ein Drittel des Eischnees mit dem Kochlöffel vorsichtig unter die Sauce heben, dabei auf keinen Fall rühren. Anschließend den restlichen Eischnee unterheben, das geht am besten mit einem Gummischaber. Die Masse in die eingefettete Form füllen. Sie darf nur zu zwei Drittel gefüllt sein, da das Soufflé beim Backen noch aufgeht. Die Oberfläche locker glattstreichen, auf keinen Fall drücken. Rundum mit einem Messer zwischen Form und Masse entlangfahren, so geht das Soufflé leichter auf. Das Soufflé sofort backen.

Möhrenflan

Die perfekte Form

Die klassische Souffléform ist rund mit dünnen und geraden, hohen Wänden, an denen die Masse hochsteigen kann.
Ist die Form nicht hoch genug, kann sie mit einer Manschette aus Pergamentpapier oder Alufolie vergrößert werden. Diese mit einer Büroklammer aus Metall zusammenheften oder mit einem Bindfaden festbinden.
Vor allem für Vorspeisen sind auch kleine Soufflés in Portionsformen sehr hübsch. Auch sie dürfen nur zu zwei Drittel gefüllt sein, außerdem verkürzt sich bei ihnen die Backzeit etwas.

Das Backen

Den Backofen in jedem Fall – auch bei Umluftherden – vorheizen! Denn Soufflés lieben gleichbleibende Hitze. Die Form wird in der Regel auf die untere Schiene des Ofens gestellt.

Wichtig: Während des Backens darf der Ofen auf keinen Fall geöffnet werden! Das Soufflé fällt sofort zusammen.

Das Servieren

Mag ein Soufflé noch so schön aufgegangen sein, die Pracht hält nach dem Backen nur 3–5 Minuten. Deshalb sofort servieren! Und: Ein Soufflé will sorgfältig behandelt werden. Bringen Sie es mit einem Tuch bedeckt vor Zugluft geschützt zu Tisch.

Der Flan

Die Basis des Flans ist eine dem Soufflé vergleichbare Grundmasse, bei der ebenfalls Eischnee für Luftigkeit sorgt. Pikante Flans werden mit gegartem püriertem oder fein zerkleinertem Gemüse zubereitet, zum Beispiel mit Spinat, Möhren oder Sellerie.
Bei süßen Flans sind meist pürierte Früchte, Schokolade oder Vanille mit von der Partie. Das Besondere am Flan ist das Garen im Wasserbad.

Die perfekte Form

Hierfür eignet sich am besten eine Form mit gut schließendem Deckel und Fuß. Wer keine spezielle Puddingform hat, verwendet eine andere Form, zum Beispiel eine Guglhupfform aus Metall oder Glas und verschließt diese fest mit Alufolie. Hat die Form keinen Fuß, stellt man sie auf einen Einsatz, zum Beispiel einen Dreifuß vom Schnellkochtopf. Sonst wird die Form am Topfboden zu heiß und beginnt zu wackeln. Statt einer großen Form eignen sich auch hitzefeste Portionsförmchen.
Vor dem Einfüllen muß die Form gefettet werden, das geht am besten mit weicher, aber nicht flüssiger Butter (siehe Gratin). Das Ausstreuen mit Semmelbröseln erleichtert das spätere Stürzen.

Die Form auf keinen Fall bis zum Rand füllen, bei großen Formen müssen mindestens 3 cm bis zum oberen Rand bleiben, die kleinen Formen nur zu etwa drei Viertel füllen, denn der Flan geht noch auf.
Statt Flanförmchen, die nicht jeder im Haushalt hat, können Sie feuerfeste Förmchen oder Tassen nehmen.

Das Wasserbad

Die große Form oder die kleinen Formen in einen passenden großen Topf stellen. Bei großen Formen empfiehlt sich ein hoher, bei kleinen Formen ein flacherer Topf. Mit kochendheißem Wasser bis zu der Höhe aufgießen, die der Flan in der Form erreicht. Der Topfdeckel muß möglichst gut schließen.
Der Flan im Wasserbad kann auf der Herdplatte oder im Backofen gegart werden. Für jede Methode gilt: Die Masse darf keinesfalls zu heiß werden. Das Wasser darf also nicht kochen, sonst geht der Flan zu sehr in die Höhe, wird zäh und bekommt Löcher. Auf dem Herd eine kleine Stufe einstellen, beim Backofen bei Ober- und Unterhitze höchstens 150°. Die Garprobe macht man wie bei Kuchen mit einem Holzstäbchen. Es darf keine Flanmasse daran haften.

WARENKUNDE

Außer den Grundzutaten wie Gemüse und Kartoffeln spielen bei Backofengerichten vor allem Zutaten eine Rolle, die das Ganze harmonisch verbinden.

Crème fraîche, saure Sahne, Schmand & Co.

Alle Produkte sind aus Sahne hergestellt – die man übrigens auch verwenden kann – und mit Milchsäurebakterien gesäuert. Der Unterschied liegt im Fettgehalt, in der Konsistenz und im Geschmack. Saure Sahne, auch Sauerrahm genannt, hat einen Fettgehalt von mindestens 10 %. Schmand enthält 24 % Fett. Der Fettgehalt von Crème fraîche beträgt mindestens 30 %, von Crème double 40 %. Letztere ist süß, läßt sich wie die normale süße Sahne schlagen, die Konsistenz ist sehr kompakt.
Ähnlich verwendet wird **Mascarpone**, ein italienischer Doppelrahmfrischkäse aus Kuhmilch, der etwa zur Hälfte aus Fett besteht.

Joghurt

Spezielle Milchsäurebakterien verwandeln Milch in Joghurt. Je nach Fettgehalt wird Magermilch-Joghurt (0,3 % Fett) und Vollmilch-Joghurt (3,5 % Fett) unterschieden. Ob ein Joghurt sauer oder eher mild schmeckt, hängt von der Art der Milchsäurekulturen ab. **Bulgara-Joghurt** wird mit bulgarischen Lactobazillen gesäuert, er schmeckt angenehm mild, man findet ihn fast in jedem Supermarkt. **Griechischer Joghurt** bringt es auf einen Fettgehalt von 10 %. Er wird meist aus reiner Schafmilch oder aus einer Mischung von Kuh- und Schafmilch hergestellt. Er zeichnet sich durch einen besonders vollmundigen Geschmack aus und ist sehr cremig. Sie bekommen ihn in gut sortierten Supermärkten sowie in griechischen oder türkischen Läden.

KÄSE UND EIER

Hartkäse

Diese Käsesorten, die sich gut reiben lassen und bis auf Parmesan sehr gut schmelzen, sind besonders wichtig in der Auflaufküche. Damit das Aroma schön intensiv ist, sollten Sie den Käse immer frisch reiben. Es gibt dafür im Handel verschiedene, praktische Käsereiben.

Bergkäse schmeckt pikant kräftig und nußartig. Ähnlich wie Emmentaler aus Rohmilch hergestellt, hat er aber weniger und kleinere Löcher. Beim **Emmentaler** unterscheidet man Schweizer und Allgäuer. Letzterer ist preiswerter, dafür meist nicht ganz so aromatisch. Emmentaler wird aus Rohmilch hergestellt, die Reifungszeit beträgt mindestens 3 Monate. Der populäre Hartkäse ist an seinen Löchern zu erkennen, diese entstehen bei der Gärung durch Propionsäurebakterien. Nach dem Erhitzen zieht Emmentaler Fäden. **Gouda**, ein Schnittkäse aus Kuhmilch, wird in drei Reifestufen angeboten. Der junge hat eine Reifezeit von 4 bis 7 Wochen, er schmeckt sahnig und mild. Der mittelalte reift 2 bis 5 Monate, er ist würzig und herzhaft. Alter Gouda hat eine Reifezeit von über 6 Monaten hinter sich, sein Geschmack ist pikant kräftig. Je älter der Käse, desto fester wird er. **Greyerzer**, ein würziger Hartkäse mit nussigem Aroma, stammt aus der Schweiz, wird aber auch in Frankreich hergestellt. Das Städtchen Greyerz im schweizerischen Voralpengebiet gab ihm den Namen. In Frankreich heißt er Gruyère de Comté. Die Herstellung des Greyerzers ähnelt der des Emmentalers, Greyerzer hat jedoch einen viel intensiveren Geschmack, und die wenigen Löcher erreichen höchstens Erbsengröße. **Parmesan** wird aus Kuhmilch hergestellt. Den echten erkennt man am Aufdruck »Parmigiano Reggiano«, er reift mindestens 18 Monate. Er zieht auch nach dem Erhitzen keine Fäden. Ähnliche Eigenschaften wie der Parmesan hat auch der kürzer gereifte »Grana Padano«. **Pecorino** wird dagegen meist aus Schafmilch hergestellt. Der Käse schmeckt pikant, die Intensität des Aromas hängt von der Reifezeit ab, die zwischen 4 und 8 Monaten liegt. **Provolone** ist ein sogenannter Brüh- oder Knetkäse, da der Käsebruch mit Molke gebrüht und anschließend geknetet wird. Danach ist er sehr gut formbar, man bekommt ihn in Kugel- oder Birnenform. Man unterscheidet milden »Provolone dolce« und würzigen »Provolone piccante«.

Gouda

Vor allem weicher Käse wie Mozzarella oder junger Gouda läßt sich leichter reiben, wenn man ihn kurz ins Gefrierfach legt.

Butterkäse

Frisch- und Weichkäse

Sie verbinden die Zutaten zu einer homogenen Masse, können aber auch auf der Oberfläche für eine aromatische Kruste sorgen. Sie werden gewürfelt oder zerdrückt bzw. mit anderen Zutaten verrührt.

Butterkäse ist ein halbfester milder Schnittkäse aus Deutschland. Nicht mit Zutaten kombinieren, die ihn mit einem zu kräftigem Geschmack übertönen. **Gorgonzola**, der cremige Blauschimmelkäse mit kräftigem, scharf-pikantem oder milderem Geschmack, hat seinen Ursprung in der Lombardei. Mit fast 50 % Fett i. Tr. ist er sehr gehaltvoll. **Mozzarella** ist ein italienischer Frischkäse, der ursprünglich aus Büffelkuhmilch hergestellt wird. Der Mozzarella, der in Supermärkten als Rolle, große oder kleine Kugeln angeboten wird, ist jedoch meist aus Kuhmilch und hat kein ausgeprägtes Aroma. An der Käsetheke im Feinkosthandel oder in italienischen Geschäften bekommt man den echten Mozzarella aus Büffelkuhmilch. Dieser ist viel kräftiger im Geschmack. **Ricotta** ist ein italienischer, quarkähnlicher Käse aus Kuh- oder Schafmolke mit einem Fettgehalt von etwa 20 % i. Tr. Ricotta gibt es abgepackt in den Feinkostabteilungen von Supermärkten oder Delikateßgeschäften. Italienische Feinkostgeschäfte bieten ihn offen an. Hier hat man meist die Wahl zwischen einem festen und einem cremigen. Für süße Aufläufe nimmt man den cremigen, für pikante Aufläufe eignen sich beide Sorten.

20 % i. Tr. heißt, daß der Käse in der Trockenmasse 20 % Fett enthält. Als Trockenmasse bezeichnet man den vollkommen wasserfreien Anteil vom Gesamtgewicht, der bei Frischkäse im Gegensatz zu Hartkäse relativ gering ist.

Ricotta

Eier

Sie spielen in Aufläufen, Soufflés und Flans eine wichtige Rolle. Das verquirlte Ei verbindet die einzelnen Zutaten. Eischnee verleiht Soufflés, Flans und manchem Auflauf lockere Luftigkeit und läßt sie gut aufgehen. Für die Rezepte in diesem Buch werden Eier der Gewichtsklasse 3 (60 – 65 g) verwendet. Falls Sie sehr große Eier gekauft haben, nehmen Sie entsprechend weniger. (Ab 1997 gibt es übrigens eine neue Einteilung mit nur 4 Gewichtsklassen. Die Gewichtsklasse 3 entspricht denen der Größe M.)

Für das Gelingen des Auflaufs ist die Frische der Eier wichtig, achten Sie auf das Mindesthaltbarkeitsdatum. Eier von Hühnern aus Freilandhaltung schmecken nicht nur besser, Sie unterstützen damit auch den Tierschutz.

GETREIDE UND HÜLSENFRÜCHTE

Wer eine Getreidemühle hat, kann sich jedes Getreide im gewünschten Feinheitsgrad selbst mahlen. Sie können die Körner aber auch im Naturkostladen oder Reformhaus frisch zerkleinern lassen.

Buchweizen

Weizen

Grünkern

Hirse

Quinoa

Amaranth

Die winzigen Körner der purpurroten Amaranthpflanze werden auch Inkaweizen genannt und stammen aus Südamerika. Botanisch gesehen haben sie nichts mit der Getreidepflanze zu tun. Amaranth enthält biologisch hochwertiges Eiweiß und reichlich Calcium. Amaranthsamen gibt es ganz oder gemahlen in Naturkostläden oder im Reformhaus.

Buchweizen

Buchweizen zählt zu den Pseudo-Getreiden, botanisch gesehen ist er ein Knöterichgewächs, wird aber in der Vollwertküche ähnlich wie Getreide verwendet. Sein Geschmack ist nußartig und leicht bitter. In Aufläufen wird Buchweizen meist grob geschrotet als sogenannte Grütze vorgegart verwendet. Buchweizengrütze bekommen Sie in Naturkostläden oder im Reformhaus.

Dinkel, Grünkern

Dinkel ist eine alte Kulturform des Weizens und schmeckt leicht nussig. Er enthält reichlich B-Vitamine. Für Aufläufe eignen sich ganze Körner ebenso wie Schrot oder Grieß. Halbreif geerneter Dinkel, der durch Darren einen würzigen Röstgeschmack bekommt, heißt Grünkern. Er enthält wie Dinkel reichlich Vitamine der B-Gruppe. Für Aufläufe vorher garen und ausquellen lassen. Dinkel und Grünkern bekommen Sie im Naturkostladen oder Reformhaus.

Hirse

Die gelben Körnchen werden geschält verkauft und sind äußerst gesund, da sie jede Menge Eisen, Magnesium und B-Vitamine enthalten. Hirse paßt zu pikanten und zu süßen Aufläufen. Vorher garen und ausquellen lassen. Die Garzeit beträgt nur etwa 20 Minuten.

Polentagrieß

Maiskörner, zu Grieß gemahlen, sind die Basis des Polentabreis. Für Eilige gibt es vorgegarten Polentagrieß, der in 5 Minuten fertig ist. Beim Kochen der Polenta ab und zu rühren, sonst klebt der Brei am Topfboden. Meist wird der noch warme Brei in die gefettete Auflaufform gestrichen. Polentagrieß gibt es im Supermarkt, in Naturkostläden und im Reformhaus.

Quinoa

Kleinkörniges, hirseähnliches Getreide aus den Anden. Quinoa, man spricht Kinwa, zeichnet sich durch besonders hochwertiges Eiweiß aus. Nach etwa 15 Minuten Kochzeit sind die Körner gar, das heißt glasig und fast farblos. Quinoakörner können Sie im Reformhaus und in Naturkostläden kaufen.

Reis

Der am meisten verwendete Reis ist **Langkornreis.** Er wird häufig als »Parboiled Reis« angeboten. Das bedeutet, der Reis ist zwar geschält, Vitamine und Mineralstoffe, die beim Schälen verlorengehen, bleiben hier jedoch durch ein spezielles Dampfverfahren erhalten. Roh sieht der Reis glasig-gelb aus, gekocht ist er schneeweiß und besonders körnig.

Für italienische Aufläufe wird gerne Risottoreis, z. B. **Avorio-Reis** verwendet. Das ist ein italienischer besonders feiner Rundkornreis. Er nimmt beim Kochen viel Flüssigkeit auf, und gart außen weich und im Kern bißfest. Für vollwertige Aufläufe ist **Naturreis** beliebt. Es gibt ihn als Langkorn- und als Rundkornreis. Naturreis ist nur entspelzt und enthält noch das vitamin- und mineralstoffreiche Silberhäutchen sowie den Keim.

Weizen

Für vollwertige Aufläufe eignen sich ganze Weizenkörner ebenso wie Weizenvollkorngrieß. Dieser ist eine Zwischenstufe zwischen Schrot und Mehl und wird aus dem vollen Korn, inklusive wertvollen Randschichten gemahlen. Vollkorngrieß aus Weizen gibt es im Reformhaus, im Naturkostläden und sogar in gut sortierten Supermärkten.

Hülsenfrüchte werden schneller gar, wenn man sie erst nach dem Garen salzt. Auf gar keinen Fall jedoch Säure wie Essig oder Zitronensaft mitkochen.

Hülsenfrüchte

Hülsenfrüchte wie Kichererbsen, Kidneybohnen und weiße Bohnen werden fertig gegart in Dosen oder getrocknet in Tüten angeboten. Getrocknete Hülsenfrüchte über Nacht in Wasser einweichen, anschließend garen.

Kidneybohnen

GEWÜRZE UND KRÄUTER

Gewürze

Sie geben Geschmack und Farbe. Gewürze möglichst frisch mahlen oder nur in kleinen Mengen zerkleinert kaufen, damit sie ihr volles Aroma optimal entfalten können.

Ingwer schmeckt frisch am intensivsten. Von der Wurzel ein Stück abbrechen und schälen. Dann reiben oder fein würfeln. Den restlichen Ingwer in Frischhaltefolie verpackt kühl lagern oder einfrieren. **Koriander** hat gemahlen einen milden, fast süßlichen Geschmack. Er würzt Aufläufe mit Fisch oder Fleisch und harmoniert besonders gut mit Knoblauch, Chili und Kreuzkümmel.
Kümmel schmeckt leicht scharf, süßlich und sehr intensiv, er erinnert an Anis. Die Samen werden zum Würzen von Kohlgerichten, Kartoffeln, Quark und Käse verwendet. Das beißend-scharfe Aroma und die appetitsteigernde Wirkung verdankt der **Meerrettich** den schwefelhaltigen ätherischen Ölen. Am bequemsten ist es, ihn tafelfertig zubereitet im Glas zu kaufen, denn das Reiben des frischen Meerrettichs treibt einem die Tränen in die Augen. **Paprika** gewinnt man aus Gewürzpaprika, der getrocknet und anschließend gemahlen wird. **Edelsüßer Paprika** ist eine milde Variante und kann großzügig verwendet werden. **Rosenpaprika** ist am schärfsten, denn er enthält auch die Samenkörner der Schoten, sparsam einsetzen. Wichtig: Paprikapulver niemals ins heiße Fett streuen, zu starke Hitze macht es bitter und braun. **Safran** hat seinen Preis, denn es wird in mühseliger Handarbeit aus den getrockneten Blütennarben einer Krokusart gewonnen. Schon eine Messerspitze Safran macht die Gerichte nicht nur schön gelb, sondern verleiht ihnen auch einen würzig-bitteren Geschmack. Safran gibt es in Tütchen oder Döschen abgepackt als Fäden oder Pulver. Die Fäden löst man vor dem Untermischen in wenig heißem Wasser auf.

Ingwer

Kräuter

Für Aufläufe verwendet man frische Kräuter, die auch beim Garen ihr Aroma nicht verlieren oder sogar geschmacklich gewinnen. Wer statt dessen getrocknete Kräuter nehmen möchte, sollte sie immer zwischen den Fingern zerreiben – rebeln –, damit sie ihr Aroma entfalten können. Frische Kräuter im Bund bewahren Sie am besten in gut verschlossenen Plastikdosen im Kühlschrank auf.

Von **Basilikum** immer nur einen Teil mitgaren, vor dem Servieren mit frischen Blättchen bestreuen, denn unerhitzt ist das Aroma am intensivsten. Besonders aromatisch sind die kleinblättrigen Formen. Für asiatische Gerichte verwendet man häufig **Thai-Basilikum** mit rötlichen Blättchen, das leicht süßlich schmeckt. **Koriander,** das Kraut der asiatischen und mexikanischen Küche heißt auch Cilantro oder Wanzenkraut. Der Geruch erinnert tatsächlich an Wanzen, Korianderkraut ist deshalb nicht jedermanns Sache und sollte nur sparsam dosiert werden. **Oregano,** auch wilder Majoran oder Dost genannt, paßt zu Fleisch und Gemüse. Ob frisch oder getrocknet, Oregano sollte zur vollen Aromaentfaltung erhitzt werden. **Rosmarin und Thymian** entfalten ihr Aroma erst beim Garen und würzen schon in kleinen Mengen. Sie passen gut zu Geflügel, Hammel und südeuropäischen Gemüseaufläufen. **Rucola** schmeckt kräftig und leicht scharf, er erinnert an Nüsse und Rettich. Am intensivsten schmeckt Rucola, auch Rauke oder Roquette genannt, roh. **Sauerampfer** zählt zu den Wildkräutern, man findet ihn auf feuchten Wiesen. Verwendet werden nur die jungen zarten Blättchen, diese schmecken leicht bitter und erfrischend säuerlich.

Fast alle Kräuter schmecken frisch am besten. Besorgen Sie sich kleine Töpfe für die Fensterbank oder pflanzen die Kräuter in den Balkonkasten.

Basilikum

Koriander

MIT GEMÜSE

Gratin aus grünem Spargel, Schinken und Gorgonzola

Zutaten für 4 Personen:

750 g grüner Spargel
Salz
1 Prise Zucker
200 g gekochter Schinken in Scheiben
150 g Sahnegorgonzola
100 g Sahne
Pfeffer
Fett für die Form

Zubereitungszeit: 25 Min. (+ 15 Min. Backzeit)
Pro Portion etwa:
1365 kJ / 325 kcal
19 g EW / 26 g F / 6 g KH

Schnell

Den Spargel waschen, das untere Drittel schälen und die Enden abschneiden. Reichlich Salzwasser mit Zucker aufkochen und den Spargel darin 8 Min. kochen lassen.

Den Schinken, falls nötig, vom Fettrand befreien, dann in schmale Streifen schneiden. Eine feuerfeste Form einfetten. Den Backofen auf 220° vorheizen.

Den Spargel aus dem Sud nehmen, gut abtropfen lassen und in die Form legen. Die Schinkenstreifen darauf streuen.

Den Sahnegorgonzola mit einer Gabel zerdrücken, mit der Sahne glattrühren und mit Salz und Pfeffer würzen. Die Mischung über den Spargel gießen. Den Spargel im Ofen (Mitte, Umluft 200°) 15 Min. gratinieren, bis der Käse leicht bräunt.

Dazu schmeckt warmes Baguette.

Zum Gratin Prosecco oder trockenen Weißwein servieren.

Gratinierter Staudensellerie mit Parmesan

Zutaten für 4 Personen:

800 g Staudensellerie
Salz
Pfeffer
100 g frisch geriebener Parmesan
1 EL Olivenöl
Fett für die Form

Zubereitungszeit: 20 Min. (+ 15 Min. Backzeit)
Pro Portion etwa:
780 kJ / 180 kcal
12 g EW / 12 g F / 7 g KH

Gelingt leicht

Den Staudensellerie in die einzelnen Stangen zerteilen, putzen und waschen. Das Selleriegrün abschneiden und beiseite legen.

In einem großen Topf reichlich Salzwasser aufkochen lassen und die Selleriestangen darin in 8 Min. bißfest garen. Herausnehmen, eiskalt abschrecken, sehr gut abtropfen lassen und mit Küchenpapier trockentupfen.

Den Backofen auf 220° vorheizen. Eine feuerfeste Form einfetten und die Selleriestangen hineinlegen. Mit dem geriebenen Parmesan bestreuen, mit Öl beträufeln.

Die Selleriestangen im Ofen (Mitte, Umluft 200°) 15 Min. gratinieren, bis der Käse bräunt. Inzwischen das Selleriegrün fein hacken, vor dem Servieren über das Gratin streuen.

Dazu schmeckt warmes Baguette.

Zutaten für 4–6 Personen:

200 g Spinat (ersatzweise tiefgekühlt)
12 große Champignons
2 Knoblauchzehen
1 kleine Zwiebel
50 g durchwachsener Räucherspeck
1 Bund Petersilie
40 g Butter
Salz
Pfeffer
frisch geriebene Muskatnuß
3 EL Sahne
100 g Greyerzer oder Gouda
2 EL Pinienkerne
1 Zitrone
Butter für die Form

Zubereitungszeit: 1 Std. (+ 15–20 Min. Backzeit)
Bei 6 Personen pro Portion etwa: 1080 kJ / 260 kcal
13 g EW / 19 g F / 13 g KH

Gelingt leicht

Überbackene Riesenchampignons

Den Spinat verlesen, gründlich waschen und in kochendem Wasser 1 Min. blanchieren. Herausheben, gut ausdrücken und grob hacken. Die Pilze putzen und mit Küchenpapier abreiben. Die Stiele vorsichtig herausdrehen und fein hacken. Knoblauch und Zwiebel schälen, in kleine Würfel schneiden. Den Speck kleinwürfeln, Petersilie waschen, Blättchen fein hacken.

Die Butter in einer Pfanne erhitzen, den Speck darin bei mittlerer Hitze anbraten. Zwiebel, Knoblauch und gehackte Pilzstiele unter Rühren mit andünsten. Mit Salz, Pfeffer und Muskat würzen. Reichlich Petersilie untermischen. Die Pilzköpfe in die Pfanne setzen. Zugedeckt bei schwacher Hitze 10 Min. dünsten.

Eine flache feuerfeste Form mit Butter ausfetten. Den Backofen auf 200° (Umluft 180°) vorheizen. Die Pilzköpfe herausheben und mit der Öffnung nach oben in die Form setzen. Den Spinat und die Sahne in die Pfanne geben und 3 Min. köcheln lassen. Käse reiben.

Die Spinatmischung in die Pilzköpfe füllen, die Pinienkerne darauf verteilen und mit dem Käse bestreuen. Pilze im Ofen (Mitte) 15–20 Min. überbacken.

Die Zitrone in Spalten schneiden. Champignonköpfe mit der restlichen Petersilie bestreuen und sofort servieren. Die Zitronenspalten dazu reichen.

Dazu schmeckt Toast.

Tip: Die Pilze schmecken sowohl als Vorspeise wie auch als kleiner Imbiß oder Beilage.

Dazu paßt ein leichter Rotwein, z.B. ein Beaujolais Primeur.

Gratin dauphinois

Zutaten für 4 Personen:

1 kg vorwiegend festkochende Kartoffeln
1 Knoblauchzehe
1/2 l Milch
200 g Sahne
Salz
weißer Pfeffer
1 TL getrockneter Thymian
40 g Butter
Butter für die Form

Zubereitungszeit: 20 Min.
(+ 50 Min. Backzeit)
Pro Portion etwa:
1805 kJ / 430 kcal
10 g EW / 26 g F / 42 g KH

Preiswert

Die Kartoffeln waschen, schälen und trockentupfen. In etwa 3 mm dünne Scheiben schneiden (Gurkenhobel, Küchenmaschine). Den Knoblauch schälen, halbieren und eine flache feuerfeste Form damit ausreiben. Die Form dann gründlich mit Butter ausstreichen. Den Backofen auf 180° vorheizen.

Die Milch mit der Sahne verquirlen, kräftig mit Salz und Pfeffer würzen. Die Hälfte der Kartoffelscheiben dachziegelartig in die Form schichten und mit etwas feingerebeltem Thymian bestreuen. Die restlichen Kartoffeln einschichten, mit dem übrigen Thymian würzen. Die Milchmischung darüber gießen und mit Butterflöckchen belegen.

Das Gratin im Ofen (Mitte, Umluft 160°) 50 Min. backen (wird die Oberfläche zu braun, mit Alufolie abdecken). Das klassische Gratin paßt zu allen zarten Fleischgerichten.

Als Getränk paßt zu allen Gratins auf dieser Doppelseite trockener Rotwein.

Gratin dauphinois mit Käse

Kartoffeln schälen und in dünne Scheiben schneiden. Eine flache Form buttern, die Hälfte der Kartoffelscheiben einschichten. Mit Salz, Pfeffer, Muskat würzen.

Den Backofen auf 180° vorheizen. Käse reiben, die Hälfte darauf verteilen. Restliche Kartoffeln einlegen und würzen. Milch, Sahne und Eier verquirlen. Knoblauch dazupressen. Die Mischung über die Kartoffeln gießen, mit dem restlichen Käse bestreuen. Im Ofen (Mitte, Umluft 160°) 1 Std. backen.

Zutaten für 4 Personen:

- 1 kg vorwiegend festkochende Kartoffeln
- 50 g Butter
- Salz
- Pfeffer
- frisch geriebene Muskatnuß
- 150 g Greyerzer
- 1/4 l Milch
- 125 g Sahne
- 2 Eier
- 1 Knoblauchzehe

Zubereitungszeit: 20 Min.
(+ 1 Std. Backzeit)
Pro Portion etwa:
2265 kJ / 540 kcal
20 g EW / 34 g F / 38 g KH

Gelingt leicht

Kartoffelgratin mit Steinpilzen

Zutaten für 4 Personen:

- 40 g getrocknete Steinpilze
- 1 kg vorwiegend festkochende Kartoffeln
- 1/2 l Milch
- 200 g Crème fraîche
- Salz
- Pfeffer
- frisch geriebene Muskatnuß
- 50 g Butter
- 2 EL frisch gehackte Petersilie

Zubereitungszeit: 20 Min.
(+ 1 Std. Quellzeit
+ 45 Min. Backzeit)
Pro Portion etwa:
2170 kJ / 520 kcal
10 g EW / 35 g F / 43 g KH

Gelingt leicht

Pilze 1 Std. in warmem Wasser einweichen. Kartoffeln schälen und in dünne Scheiben schneiden. Milch aufkochen lassen. Crème fraîche einrühren, mit Salz, Pfeffer und Muskat würzen. Kartoffeln hinzufügen, bei mittlerer Hitze 15 Min. unter Rühren köcheln lassen.

Den Backofen auf 200° vorheizen. Die Form mit einem Teil der Butter fetten, die Hälfte der Kartoffelmasse einfüllen. Pilze ausdrücken, grob hacken und mit der Petersilie darauf verteilen. Restliche Kartoffeln einfüllen, mit Butterflöckchen belegen und im Ofen (Mitte, Umluft 180°) 45 Min. backen. Als Beilage zu Wild und Wildgeflügel.

Kartoffelgratin mit Speck und Birnen

Kartoffeln schälen und in Salzwasser 10 Min. vorkochen. Abgießen und ausdämpfen lassen. Speck und geschälte Zwiebel kleinwürfeln, in etwas Butter andünsten. Thymian untermischen, Brühe dazugießen und aufkochen lassen.

Eine feuerfeste Form buttern, den Backofen auf 200° vorheizen. Birnen schälen, vierteln, entkernen und in Scheiben schneiden. Kartoffeln ebenfalls in Scheiben schneiden und abwechselnd mit den Birnen in die Form schichten. Die Speck-Zwiebelbrühe darüber verteilen, pfeffern. Im Ofen (Mitte, Umluft 180°) 25–30 Min. backen.

Zutaten für 4 Personen:

- 700 g vorwiegend festkochende Kartoffeln
- Salz
- 60 g durchwachsener Räucherspeck
- 1 Zwiebel
- 2 EL Butter
- 1 TL getrockneter Thymian
- 200 ml Brühe (Instant)
- 2 reife Birnen (Williams Christ)
- schwarzer Pfeffer

Zubereitungszeit: 40 Min.
(+ 25–30 Min. Backzeit)
Pro Portion etwa:
1565 kJ / 375 kcal
9 g EW / 13 g F / 58 g KH

Preiswert

Zutaten für 4 Personen:

- 750 g Rosenkohl
- 1 Zitrone
- Salz
- 80 g Parmesan
- Pfeffer
- Cayennepfeffer
- frisch geriebene Muskatnuß
- 30 g Butter
- Butter für die Form

Zubereitungszeit: 30 Min. (+ 12 Min. Backzeit)
Pro Portion etwa: 970 kJ / 230 kcal
14 g EW / 14 g F / 19 g KH

Vegetarisch

Rosenkohlgratin

Den Rosenkohl putzen, größere Röschen halbieren. Die Zitrone auspressen. 1 l Salzwasser mit etwa zwei Drittel des Zitronensafts aufkochen, den Rosenkohl darin in 10–12 Min. bißfest kochen. Auf einem Sieb abtropfen lassen. Den Backofen auf 225° (Umluft 200°) oder den Elektrogrill vorheizen. Den Käse reiben.

Eine flache Gratinform mit Butter fetten. Den Rosenkohl hineingeben und mit Pfeffer, Cayennepfeffer, Muskat und dem restlichen Zitronensaft würzen. Mit dem Parmesan bestreuen und sehr dicht mit der Butter in kleinen Flöckchen belegen. Den Rosenkohl im Ofen (oben) 12 Min. gratinieren.

Das Gratin schmeckt zu Wild-, Kaninchen- und Bratengerichten.

Papayagratin mit Shrimps

Von 1 1/2 Limetten den Saft auspressen (dabei 1 Limette längs durchschneiden). Die Shrimps kalt abbrausen, mit Pfeffer und der Hälfte des Limettensafts würzen. Ingwer und Knoblauch schälen, dazupressen. Koriander waschen, fein hacken, untermengen. Abgedeckt 30 Min. ziehen lassen.

Papayas schälen, längs halbieren und entkernen, leicht salzen und pfeffern. Mit dem restlichen Limettensaft beträufeln. Den Zwieback fein reiben.

Den Backofen auf 200° vorheizen. Eine flache Gratinform mit Butter fetten. Die Papayahälften hineinsetzen und mit den Shrimps füllen. Jeweils 1 EL Crème fraîche darüber verteilen. Mit Zwiebackbröseln bestreuen und mit der Butter in Flöckchen belegen. Im Ofen (Mitte, Umluft 180°) 20 Min. gratinieren. Die übrige Limettenhälfte in vier Spalten schneiden. Die Papayas mit den Limettenspalten und Salatblättern anrichten.

Tip: Wenn die Papayas noch nicht ganz reif sind, die Hälften in Salzwasser mit Limettensaft einige Minuten vorgaren.

Zutaten für 4 Personen:

- 2 Limetten
- 150 g gegarte geschälte Shrimps
- weißer Pfeffer
- 1 walnußgroßes Stück Ingwer
- 1 Knoblauchzehe
- 1/2 Bund frischer Koriander
- 2 reife Papayas
- Salz
- 1 Zwieback
- 4 EL Crème fraîche
- 1 EL Butter
- Salatblätter zum Dekorieren
- Butter für die Form

Zubereitungszeit: 45 Min. (+ 20 Min. Backzeit)
Pro Portion etwa: 775 kJ / 185 kcal
9 g EW / 10 g F / 16 g KH

Für Gäste

Kartoffel-Zwiebel-Auflauf

Zutaten für 4 Personen:

500 g Zwiebeln
500 g mehligkochende Kartoffeln
4 EL Olivenöl
Salz
schwarzer Pfeffer
1 gelbe Paprikaschote
1 TL Kümmelsamen
1 TL Thymianblättchen (ersatzweise getrocknet)
1 TL gehackter Majoran (ersatzweise getrocknet)
200 g Schmand (ersatzweise Crème fraîche)
3 Eier
2 EL Sojasauce
2 EL Olivenöl zum Beträufeln
Butter für die Form

Zubereitungszeit: 40 Min. (+ 40 Min. Backzeit)
Pro Portion etwa: 1655 kJ / 395 kcal
7 g EW / 37 g F / 11 g KH

Gelingt leicht

Zwiebeln und Kartoffeln schälen und je nach Größe längs vierteln oder achteln. Das Öl in einer großen Pfanne erhitzen, die Zwiebeln und Kartoffeln darin unter häufigem Wenden bei mittlerer Hitze 5 Min. braten, leicht salzen und pfeffern.

Paprikaschote waschen, halbieren, putzen und klein würfeln.

Die Pfanne vom Herd nehmen, Zwiebeln und Kartoffeln mit dem Kümmel, dem Thymian, dem Majoran, den Paprikawürfeln und dem Schmand mischen. Lauwarm abkühlen lassen.

Eine flache feuerfeste Form fetten. Die Eier mit der Sojasauce gut verquirlen. Den Backofen auf 180° vorheizen.

Kartoffeln und Zwiebeln gut mit der Eiermischung verrühren, gleichmäßig in der Form verteilen, mit Olivenöl beträufeln. Im Ofen (unten, Umluft 160°) 40 Min. backen, bis die Kartoffeln und Zwiebeln weich sind und die Eimasse gestockt ist. Herausnehmen.

Paßt zu Braten und zu grünem Salat.

Als Getränk schmeckt dazu trockener Rotwein.

Zutaten für 4 Personen:

4 kleine Auberginen (etwa 800 g)
Salz
500 g Tomaten
2 Zwiebeln
2 Knoblauchzehen
2 EL Olivenöl
schwarzer Pfeffer
1/2 TL Paprika, rosenscharf
1/4 TL Zimt
1 Prise Zucker
1 EL Rosinen oder Korinthen
1 EL gehackte Haselnüsse
Fett für die Form

Zubereitungszeit: 40 Min. (+ 20 Min. Backzeit)
Pro Portion etwa:
695 kJ / 165 kcal
4 g EW / 9 g F / 21 g KH

Vegetarisch

Türkische Auberginen

Die Auberginen putzen, längs halbieren und in Salzwasser 5 Min. vorkochen. Stielansätze der Tomaten entfernen. Tomaten kurz überbrühen, häuten, halbieren und entkernen, in Stücke schneiden. Die Auberginen abtropfen lassen. Zwiebeln und Knoblauch schälen und hacken. Backofen auf 200° (Umluft 180°) vorheizen. Eine flache feuerfeste Form fetten.

Das Öl in einer Kasserolle erhitzen, Zwiebelwürfel und Knoblauch darin bei mittlerer Hitze unter Rühren hellgelb andünsten. Tomatenstücke 5 Min. mitschmoren lassen. Mit Salz, Pfeffer, Paprika, Zimt und Zucker würzen. Rosinen waschen, trocknen und mit den gehackten Nüssen dazugeben.

Die Auberginen mit der Schnittfläche nach oben in die gefettete Auflaufform legen. Die Füllung darauf verteilen, Gemüse im Ofen (Mitte) 20 Min. backen.

Paßt zu gegrillten Lammkoteletts, Hacksteaks oder Reis.

Als Getränk schmeckt fruchtiger, trockener Rotwein, z. B. Villa Doluca aus der Türkei.

Indisches Blumenkohlgratin

Den Blumenkohl putzen, waschen und in Röschen zerteilen. In kochendem Salzwasser in 10 Min. bißfest garen. Die Erbsen im Wasser 2 Min. garen. Beides abschrecken und abtropfen lassen.

Stielansätze der Tomaten entfernen. Tomaten kurz überbrühen, häuten, entkernen und in Würfel schneiden. Eine feuerfeste Form fetten. Das Gemüse hineingeben, salzen und pfeffern. Den Backofen auf 220° (Umluft 200°) vorheizen.

Zwiebel schälen, fein hacken und in der Butter andünsten. Ingwer und Knoblauch schälen, Ingwer fein hacken und untermischen. Knoblauch dazupressen. Alles bei mittlerer Hitze weich dünsten.

Die Sahne mit der Speisestärke verrühren, dazugießen und einmal aufkochen lassen. Mit Curry, Salz, Pfeffer und Zitronensaft abschmekken. Die Sauce über das Gemüse gießen. Mit Semmelbröseln bestreuen und mit Butterflöckchen besetzen. Das Gratin im Ofen (Mitte) in 20 Min. goldbraun überbacken.

Zutaten für 4 Personen:

1 Blumenkohl (etwa 1 kg)
Salz
300 g tiefgekühlte Erbsen
2 Fleischtomaten
Pfeffer · 1 Zwiebel · 1 EL Butter
1 walnußgroßes Stück Ingwer
2 Knoblauchzehen
250 g Sahne · 2 TL Speisestärke
2 EL Curry · 2 EL Zitronensaft
2 EL Semmelbrösel
2 EL Butter zum Belegen
Fett für die Form

Zubereitungszeit: 40 Min. (+ 20 Min. Backzeit)
Pro Portion etwa:
1615 kJ / 385 kcal
12 g EW / 24 g F / 36 g KH

Für Gäste

Zucchini-Fächer

Zutaten für 4–6 Personen:

650 g kleine Zucchini
500 g feste, reife Fleischtomaten
1 große Gemüsezwiebel
4 Knoblauchzehen
300 ml trockener Weißwein (ersatzweise Gemüsefond mit 1 EL Zitronensaft)
4 EL Olivenöl
je 1 Prise getrockneter Thymian, Oregano und Bohnenkraut (oder frische Kräuter)
1/2 TL gestoßener Koriander
Salz · weißer Pfeffer

Zubereitungszeit: 45 Min. (+ 30 Min. Backzeit)
Bei 6 Personen pro Portion etwa: 635 kJ / 150 kcal
2 g EW / 9 g F / 9 g KH

Läßt sich gut vorbereiten

Die Zucchini waschen, die Enden kappen, aber nicht ganz abschneiden. Zucchini längs halbieren und vom Stiel her der Länge nach so in Scheiben schneiden, daß sie noch zusammenhängen. Fächerartig auseinanderziehen.

Stielansätze der Tomaten entfernen. Tomaten kurz überbrühen, häuten, halbieren und entkernen, in Scheiben schneiden. Tomatenscheiben zwischen die Zucchinischeiben stecken. Zwiebel schälen und in hauchdünne Scheiben hobeln. Knoblauchzehen schälen und hacken.

Backofen auf 200° vorheizen. Den Weißwein erhitzen. Eine Auflaufform mit 1 EL Öl ausstreichen, die Hälfte der Zwiebelscheiben darin ausbreiten, mit der Hälfte vom Knoblauch bestreuen. Die Zucchinihälften mit der Schnittfläche nach unten darauf legen, mit den getrockneten Kräutern, Koriander, Salz und Pfeffer bestreuen. Restliche Zwiebeln und Knoblauch darüber verteilen, fest andrücken. Mit dem übrigen Olivenöl beträufeln und den heißen Wein dazugießen (die Zucchini sollen gut zur Hälfte davon bedeckt sein).

Zucchini mit Deckel oder Alufolie abdecken und im Ofen (Mitte, Umluft 180°) 30 Min. garen. Ofen abschalten und die Form noch 15 Min. darin stehenlassen. In der Form auftragen. Warm oder kalt servieren.

Das besondere Rezept

Eine ideale Vorspeise für den Sommer, wenn es Zucchini und Tomaten in bester Qualität gibt. Das Gratin erfüllt alle Wünsche, die man als Gastgeber an die Gerichte des Festmenüs stellen kann: Es läßt sich gut vorbereiten, sieht attraktiv aus und belastet nicht. Außerdem können Sie die Mengen je nach Gästezahl problemlos abwandeln. Als Hauptgericht nach diesem vegetarischen Gratin schmeckt Lamm oder Geflügel, aber auch Fisch sehr gut. Als Getränk reichen Sie am besten den Wein, den Sie auch zum Kochen verwendet haben, gut ist ein weißer Landwein.

Pilzpuffer-Gratin

Zutaten für 4 Personen:

Für die Puffer:
100 g saure Sahne
schwarzer Pfeffer
2 TL gehacktes Basilikum
3 Knoblauchzehen
500 g vorwiegend festkochende Kartoffeln
200 g Egerlinge
etwa 1 TL Salz
50 g fein gemahlener Grünkern
2 Eier
4 EL Öl

Für das Gratin:
250 g Spinat, blanchiert oder tiefgekühlt und aufgetaut
3 EL Sahne
60 g frisch geriebener Parmesan
500 g Tomaten
schwarzer Pfeffer
150 g Mascarpone
Butterflöckchen zum Belegen
Butter für die Form

Zubereitungszeit: 40 Min. (+ 25 Min. Backzeit)
Pro Portion etwa: 2655 kJ / 635 kcal
20 g EW / 48 g F / 40 g KH

Vegetarisch

Dazu paßt Bier.

Für die Puffer in einer großen Schüssel die saure Sahne mit Pfeffer und dem Basilikum verrühren. Knoblauch schälen, klein würfeln, hinzufügen. Die Kartoffeln schälen, waschen und grob in die Schüssel raspeln, dann unter die saure Sahne mischen.

Die Pilze putzen, in dünne Scheiben schneiden, zusammen mit dem Salz und dem Grünkernschrot nach und nach locker unter die Puffermasse mischen. Zum Schluß die Eier gründlich unterrühren.

Aus der Puffermasse in einer oder zwei (möglichst beschichteten) Pfannen im Öl bei mittlerer Hitze zwölf flache Puffer von beiden Seiten braten, bis sie goldgelb sind.

Eine flache feuerfeste Form fetten. Den Spinat mit der Sahne und der Hälfte vom Parmesan mischen. Die Tomaten waschen und in Scheiben schneiden, dabei die Stielansätze herausschneiden. Den Backofen auf 190° vorheizen.

Die Tomatenscheiben streifenförmig gefächert auf dem Formboden verteilen, Pfeffer darüber mahlen. Den Spinat streifenförmig leicht gehäuft so über die Tomatenscheiben verteilen, daß je eine Hälfte der »Tomatenstreifen« sichtbar bleibt.

Von einer Seite der Form aus die Puffer jeweils zur Hälfte unter die »Tomatenstreifen« schieben, die Tomatenscheiben dazu mit einem Pfannenmesser oder einer Palette anheben und so zurückschieben, daß alles in der Form Platz hat, gefächert und bunt aussieht. Den restlichen Parmesan über die Spinatstreifen streuen. Den Mascarpone teelöffelweise auf den Spinatstreifen verteilen, dabei jeweils etwas unter die Puffer schieben.

Das Gratin mit Butterflöckchen belegen und im Backofen (Mitte, Umluft 170°) 25 Min. gratinieren.

Tips: Statt Egerlingen schmecken natürlich auch Champignons oder – ganz edel – Steinpilze.

Aber auch andere Gemüse wie Frühlingszwiebeln oder Lauch, Paprikaschoten oder Zucchini schmecken in den Puffern. Und auch Kartoffeln allein sind köstlich. Besonders hübsch sieht das Gratin aus, wenn Sie es in Portionsförmchen zubereiten und auch darin servieren.

Grünkern – unreif geernteter und gedarrter Dinkel – gibt es als ganze Körner zu kaufen. Entweder im Reformhaus oder Naturkostladen frisch mahlen lassen oder zu Hause mit der eigenen Getreidemühle zerkleinern.

Wer möchte, gart die doppelte oder dreifache Menge der Puffer und ißt eine Portion mit einer großen Schüssel Salat. Dann die restlichen Puffer am nächsten Tag zu diesem Gratin verarbeiten.

Die geschälten und gewaschenen Kartoffeln auf einer Reibe am besten gleich zur sauren Sahne in die Schüssel raspeln.

Die Tomatenscheiben mit Abstand in Reihen in die Form legen und nur zur Hälfte mit der Spinatmasse bedecken.

Die Puffer auf der Spinatmasse unter die nächste Tomatenreihe schieben – am besten mit einer Palette.

Zutaten für 4–6 Personen:

- 1 kg Zucchini
- Salz
- schwarzer Pfeffer
- 5 EL Mehl
- 6–8 EL Olivenöl
- 100 g Pecorino
- je 3–4 Stengel frischer Thymian, Majoran und Basilikum
- 5 Knoblauchzehen
- 6 Eier
- 150 g Crème fraîche
- Butter für die Form

Zubereitungszeit: 45 Min. (+ 30 Min. Backzeit)
Bei 6 Personen pro Portion etwa: 1855 kJ / 445 kcal
16 g EW / 37 g F / 16 g KH

Gelingt leicht

Toskanischer Zucchiniauflauf

Die Zucchini waschen, putzen und quer in nicht zu dünne Scheiben schneiden. Mit Salz und Pfeffer würzen und im Mehl wenden. Das Öl erhitzen, die Zucchinischeiben darin bei mittlerer Hitze portionsweise pro Seite in 3–4 Min. goldgelb braten. Auf Küchenpapier abtropfen lassen.

Den Backofen auf 200° vorheizen. Den Käse reiben. Die Kräuter abspülen, trockenschütteln und fein hacken. Den Knoblauch schälen und in Scheiben schneiden. Die Eier mit Crème fraîche und Käse verrühren, mit Salz und Pfeffer würzen.

Eine feuerfeste Form mit Butter fetten. Zucchinischeiben, Knoblauch und Kräuter darin verteilen. Mit der Eiermasse begießen und im Ofen (Mitte, Umluft 180°) 30 Min. backen.

Mit italienischem Fladenbrot servieren.

Tip: Der Zucchiniauflauf schmeckt auch kalt ganz ausgezeichnet – selbst am nächsten Tag.

Broccoliauflauf mit Schinken und Schafkäse

Den Broccoli waschen, putzen und in kleine Röschen teilen. Die Stiele kleinschneiden. Reichlich Salzwasser aufkochen lassen, den Broccoli darin in 8 Min. bißfest garen. Herausheben und abtropfen lassen.

Den Backofen auf 200° vorheizen. Den Schinken in Würfel schneiden. Die Eier mit der Sahne verquirlen, mit Pfeffer und Muskat würzen.

Eine flache feuerfeste Form mit Butter fetten. Broccoli und Schinkenwürfel hineinschichten. Den Schafkäse zerbröseln und darauf verteilen. Die Pinienkerne darüber streuen. Mit der Eier-Sahne-Mischung begießen und im Ofen (Mitte, Umluft 180°) 25–30 Min. backen.

Dazu schmeckt frisches Weißbrot.

Zutaten für 4 Personen:

- 1 kg Broccoli
- Salz
- 150 g gekochter Schinken
- 6 Eier
- 250 g Sahne
- weißer Pfeffer
- frisch geriebene Muskatnuß
- 200 g Schafkäse
- 2 EL Pinienkerne
- Butter für die Form

Zubereitungszeit: 30 Min. (+ 25–30 Min. Backzeit)
Pro Portion etwa: 2290 kJ / 550 kcal
31 g EW / 41 g F / 19 g KH

Schnell

Der Tip vom Profi !

Tomaten zum Füllen sollen reif, aber dennoch fest sein, damit sie beim Garen nicht aufplatzen. Schneiden Sie die Deckel mit einem scharfen Messer, am besten mit einem geriffelten Tomatenmesser ab. Das Innere so vorsichtig herauslösen, daß die äußere Schicht und vor allem die Haut der Tomaten nicht verletzt werden. Das Innere streicht man für die Sauce durch ein Sieb, um die Kerne zu entfernen.

Zutaten für 4 Personen:

150 g Langkorn-Reis (kein Parboiled-Reis!)
8 mittelgroße Fleischtomaten (etwa 1,3 kg)
1 EL Tomatenmark
4 Knoblauchzehen
1 Bund Petersilie
2 Zweige frischer Oregano
8 EL Olivenöl
Salz
Pfeffer
2 Prisen Zucker
1 Prise Zimt
2 EL Semmelbrösel

Zubereitungszeit: 30 Min. (+ 2 Std. Backzeit)
Pro Portion etwa: 2110 kJ / 505 kcal
7 g EW / 29 g F / 60 g KH

Braucht etwas Zeit

Tomaten Yemistes

Den Reis waschen und in lauwarmem Wasser 15 Min. einweichen. Tomaten waschen und oben einen Deckel abschneiden, das Innere mit einem Kugelausstecher oder einem Teelöffel aushöhlen. Das Fruchtfleisch durch ein Sieb streichen, mit dem Tomatenmark verrühren.

Knoblauch schälen und fein hacken. Petersilie und Oregano waschen, trockenschütteln und hacken. Reis abtropfen lassen und mit Knoblauch, Kräutern, 6 EL Olivenöl, Salz und Pfeffer gründlich vermischen.

Die Tomaten innen mit 1 Prise Zucker und etwas Zimt ausstreuen und in eine feuerfeste Form setzen. Zu drei Vierteln locker mit der Reismischung füllen, nicht festdrücken. Jeweils 2–3 EL vom Tomatenpüree darüber füllen, so daß der Reis gut mit Flüssigkeit bedeckt ist. Die Tomatendeckel wieder aufsetzen. Mit dem restlichen Olivenöl beträufeln, mit Semmelbröseln bestreuen.

Das restliche Tomatenpüree mit der gleichen Menge Wasser verdünnen, mit etwas Salz, Pfeffer und 1 Prise Zucker verrühren, um die Tomaten herum gießen.

Tomaten in den Backofen (Mitte) schieben. Bei 165° (Umluft 150°) 2 Std. garen, dabei ab und zu mit der Tomatensauce beträufeln, bei Bedarf etwas Wasser nachgießen. Warm oder kalt servieren.

Zutaten für 4–6 Personen:

- 400 g zarter Spinat
- 6 EL Butter
- 2 Eigelbe
- 4 EL Sahne
- 5 EL Semmelbrösel
- 5 EL geriebener Hartkäse (Greyerzer oder Bergkäse)
- Salz
- weißer Pfeffer
- frisch geriebene Muskatnuß
- 6 Eier
- Fett für die Form

Zubereitungszeit: 25 Min.
(+ 7–10 Min. Backzeit)
Bei 6 Personen pro Portion etwa:
1250 kJ / 300 kcal
12 g EW / 25 g F / 7 g KH

Schnell

Gefülltes Omelett mit Spinat

Den Spinat gründlich waschen, putzen und verlesen, abtropfen lassen und fein hacken. In einem Topf 2 EL Butter erhitzen und den Spinat darin unter Rühren bei mittlerer bis starker Hitze 5 Min. garen, bis die Flüssigkeit verdampft und der Spinat weich ist.

Den Topf vom Herd nehmen. Eigelbe mit der Sahne verrühren, mit 4 EL Semmelbröseln und 4 EL geriebenem Käse unter den leicht abgekühlten Spinat rühren, mit Salz und Pfeffer und 1 Prise Muskat würzen, zur Seite stellen.

Den Backofen auf 230° (Umluft 220°) vorheizen.

Eine flache, runde, feuerfeste Form (etwa 25 cm Ø) fetten. Die Eier mit Salz und Pfeffer verquirlen. In einer Pfanne (etwa so groß wie die Form) 2 EL Butter auf starker Stufe erhitzen, die Hälfte der Eimasse hineingießen und unter Rühren in 2–3 Min. zu einem Omelett backen, die Oberfläche soll noch feucht sein. Sofort aus der Pfanne in die Form gleiten lassen, die Spinatmasse darüber füllen.

Wieder 2 EL Butter in der Pfanne erhitzen und ein zweites Omelett backen, auf die Spinatfüllung legen. Mit den restlichen Semmelbröseln und dem übrigen Käse bestreuen. Im Ofen (oben) 7–10 Min. backen, bis die Oberfläche gebräunt ist. Wie Tortenstücke aufschneiden und servieren.

Tip: Das Omelett reicht für 6 Personen als Vorspeise oder für 4 Personen als Hauptgericht, dann eine große Schüssel Kopfsalat mit Kräutern dazu servieren.

Zutaten für 4 Personen:

6 Eier
350 g Sauerampfer (ersatzweise Spinat)
Salz
60 g Butter
250 g Sahne
Pfeffer
40 g Semmelbrösel (möglichst frisch gerieben)
Butter für die Form

Zubereitungszeit: 35 Min. (+ 10–15 Min. Backzeit)
Pro Portion etwa: 1760 kJ / 420 kcal
13 g EW / 36 g F / 13 g KH

Vegetarisch

Überbackene Eier in Sauerampfercreme

Die Eier in 8 Min. hart kochen. Sauerampfer waschen und abtropfen lassen, die Stengel entfernen. Jungen, zarten Sauerampfer hacken und in 30 g Butter unter Rühren bei mittlerer bis starker Hitze 10 Min. dünsten (härteren Sauerampfer vorher mit kochendem Wasser 1 Min. überbrühen und abtropfen lassen), bis die Flüssigkeit verdampft und der Sauerampfer zu einem Püree zerfallen ist. Nach und nach die Sahne unterrühren, sie soll sich mit dem Püree verbinden und etwas eindicken, ehe die nächste Portion zugegeben wird. Dann den Sauerampfer mit Salz und Pfeffer abschmecken.

Den Backofen auf 200° (Umluft 180°) vorheizen. Die restliche Butter in einem Pfännchen erhitzen, die Semmelbrösel darin bei mittlerer Hitze goldgelb rösten. Die Eier kalt abschrecken, pellen und halbieren.

Eine flache feuerfeste Form fetten. Eier mit der Schnittfläche nach oben hineingeben, mit der heißen Sauerampfercreme übergießen. Mit den Bröseln bestreuen und im Ofen (Mitte) 10–15 Min. überbacken, bis das Gratin heiß und die Oberfläche leicht gebräunt ist.

Zu den Eiern schmeckt ein trockener, nicht zu säurebetonter Weißwein (Weißburgunder).

Gratinierte Eierkuchenröllchen

Zutaten für 4 Personen:

200 g Mehl · 300 ml Milch
Salz · 4 Eier
1 Bund Basilikum
250 g Ricotta oder Sahnequark
200 g frisch geriebener Provolone oder Parmesan
3 Eigelbe
weißer Pfeffer
Butterschmalz zum Braten
Fett für die Form

Zubereitungszeit: 50 Min. (+ 10–15 Min. Backzeit)
Pro Portion etwa: 2660 kJ / 635 kcal
35 g EW / 34 g F / 46 g KH

Läßt sich gut vorbereiten

Mehl in einer Schüssel mit Milch und 1 TL Salz glatt verrühren, die Eier untermischen. 20 Min. quellen lassen.

Basilikum waschen. Die Blättchen fein hacken und mit Ricotta, der Hälfte vom geriebenen Käse und Eigelben vermischen, mit Salz und Pfeffer abschmecken.

In einer Pfanne etwas Butterschmalz auf mittlerer Stufe erhitzen und aus jeweils 1 Schöpfkelle Teig in 3–5 Min. einen ganz dünnen Pfannkuchen nur auf einer Seite backen, bis die Oberfläche gerade trocken ist. Backofen auf 230° (Umluft 210°) vorheizen. Eine flache Auflaufform fetten, mit etwas geriebenem Käse ausstreuen.

Die fertigen Eierkuchen mit Ricotta-Füllung bestreichen und aufrollen. In 3 cm breite Scheiben schneiden und senkrecht dicht nebeneinander in die Form stellen. Mit dem restlichen Käse bestreuen und im Ofen (oben) 10–15 Min. überbacken, bis die Oberfläche gebräunt ist.

Dazu paßt ein gehaltvollerer, trockener Weißwein, z. B. aus Franken.

Hirse-Gemüse-Auflauf

Zutaten für 4–6 Personen:

300 g grüne Bohnen
Salz
750 g Tomaten
150 g Austernpilze
5 Knoblauchzehen
4 Frühlingszwiebeln
150 g Hirse
6 EL Olivenöl
1 TL gehacktes Bohnenkraut (ersatzweise getrocknet)
1 TL gehackter Rosmarin (ersatzweise getrocknet)
1 TL gemahlener Koriander
1 Prise Cayennepfeffer
400 g Mascarpone
80 g frisch geriebener Parmesan
4 Eier
Butter und Vollkornbrösel für die Form
Vollkornbrösel und Butterflöckchen zum Bestreuen und Belegen

Zubereitungszeit: 40 Min. (+ 40 Min. Backzeit)
Bei 6 Personen pro Portion etwa: 2905 kJ / 695 kcal
20 g EW / 54 g F / 36 g KH

Vegetarisch

Dazu paßt ein trockener fruchtiger Rotwein, z. B. ein Chianti.

Die Bohnen waschen, putzen und ein- bis zweimal durchschneiden. In einem weiten Topf knapp 1 l Wasser mit 1 TL Salz aufkochen lassen. Die Bohnen darin 1 Min. kochen lassen, mit einem Schaumlöffel herausnehmen, in einem Sieb mit kaltem Wasser überbrausen.

Das Wasser wieder aufkochen lassen. Die Tomaten darin kurz ziehen lassen, mit einem Schaumlöffel herausnehmen, mit kaltem Wasser überbrausen. Die Tomaten halbieren, dabei von den Stielansätzen befreien. Das Innere mit einem Löffel herausnehmen und grob würfeln. Die ausgehöhlten Tomatenhälften beiseite legen.

Die Austernpilze putzen und grob würfeln. Die Knoblauchzehen schälen, klein würfeln. Die Frühlingszwiebeln waschen, putzen und feinschneiden.

Die Pilz- und Knoblauchwürfel, die Zwiebelstücke und die Hirse in einem weiten Topf im Olivenöl bei mittlerer Hitze unter häufigerem Wenden 3 Min. braten. Salzen und mit Kräutern und Gewürzen bestreuen. Mit 200 ml Wasser ablöschen und 1 Min. kochen lassen. Den Topf vom Herd nehmen.

Den Mascarpone und die Tomatenwürfel unterrühren, bis der Mascarpone flüssig geworden ist, alles gut mischen. Zum Schluß die Bohnen daruntermischen. Vom Herd nehmen und etwas abkühlen lassen.

Eine mindestens 6 cm hohe feuerfeste Form fetten und mit Bröseln ausstreuen. Backofen auf 190° vorheizen.

Den Parmesan und die Eier gut unter die nicht mehr heiße Hirse-Masse rühren. Eventuell noch salzen. Dann in die Form füllen und glattstreichen, die Tomatenhälften mit der Schnittfläche nach unten in die Masse hineindrücken. Den Auflauf mit Bröseln bestreuen und mit reichlich Butterflöckchen belegen.

Im Ofen (unten, Umluft 170°) in 40 Min. goldbraun backen. Eventuell noch 5–10 Min. im ausgeschalteten Ofen stehenlassen.

Dazu paßt grüner Salat.

Tips: Austernpilze wachsen meist auf Strohballen und kommen daher sauber in den Handel. Es genügt, sie mit Küchenpapier abzuwischen. Außerdem schneidet man dicke Stiele ab, da sie zäh sind.

Mascarpone können Sie durch Crème double ersetzen oder durch eine Mischung aus Crème fraîche und Quark.

Und auch beim Käse läßt sich variieren. Es schmeckt jeder würzige Hartkäse, zum Beispiel Pecorino, Appenzeller oder Bergkäse. Wichtig ist vor allem, daß er frisch gerieben wird.

Damit Sie das Wasser auch zum Häuten der Tomaten verwenden können, die Bohnen mit einem Schaumlöffel herausheben.

Mascarpone und Tomaten unter die vorgekochte, noch heiße Hirsemasse rühren. Mascarpone wird dabei flüssig.

Wenn die Masse in der Form ist, kommen zur Dekoration gehäutete Tomatenhälften auf die Oberfläche.

Der Tip vom Profi !

Die Kürbisschale ist meist so hart, daß Sie ein großes und wirklich scharfes Messer brauchen, um die Frucht in Stücke zu schneiden. Liegt der Kürbis erst einmal in Spalten auf dem Brett, läßt er sich auch viel besser schälen als im großen Stück. Die Kerne, die in einer schwammartigen Schicht im Inneren sitzen, können Sie gut mit einem scharfkantigen Eßlöffel herauslösen.

Zutaten für 4 Personen:

1,4 kg Kürbis (geputzt 1 kg)
Salz
750 g reife Tomaten
4 Knoblauchzehen
1/2 Bund Petersilie
5 EL Olivenöl
schwarzer Pfeffer
4 EL Semmelbrösel
2 EL Butter

Zubereitungszeit: 35 Min.
(+ 25 Min. Backzeit)
Pro Portion etwa:
1470 kJ / 350 kcal
7 g EW / 24 g F / 34 g KH

Läßt sich gut vorbereiten

Kürbisgratin mit Tomaten

Kürbis teilen, schälen und die Kerne entfernen. Das Fruchtfleisch in fingerlange Streifen schneiden.

Reichlich Salzwasser aufkochen lassen, die Kürbisstreifen darin 5 Min. blanchieren, dann mit einem Schaumlöffel herausheben, in einem Sieb sehr gut abtropfen lassen. Stielansätze der Tomaten entfernen. Tomaten kurz im Salzwasser überbrühen, häuten und in Stücke schneiden. Den Knoblauch schälen und fein hacken. Petersilie waschen, die Blättchen fein hacken.

In einer großen Pfanne 3 EL Olivenöl erhitzen und den Kürbis darin bei mittlerer Hitze unter Wenden 5 Min. braten, bis er glasig ist. In eine flache Auflaufform füllen. Den Backofen auf 200° vorheizen.

Das restliche Öl in die Pfanne geben und den Knoblauch darin bei mittlerer Hitze andünsten. Die Tomaten und die Hälfte der Petersilie unter Rühren 5–7 Min. mitbraten, bis die Tomaten zerfallen und zu einem Püree eingekocht sind. Über die Kürbisstücke verteilen.

Die restliche Petersilie mit den Semmelbröseln vermischen und über den Auflauf streuen. Die Butter in kleinen Flöckchen darauf setzen und das Gratin im Ofen (Mitte, Umluft 180°) 25 Min. backen.

Zutaten für 4–6 Personen:

50 g Butter
500 g mehligkochende Kartoffeln
250 g durchwachsener Räucherspeck
150 g Salami am Stück
100 g ungeschwefelte Rosinen
150 g Mehl
250 g Polenta (Maisgrieß)
1/2 l Milch
Salz
schwarzer Pfeffer

Zubereitungszeit: 30 Min. (+ 1–1 1/4 Std. Backzeit)
Bei 6 Personen pro Portion etwa: 3180 kJ / 760 kcal
27 g EW / 36 g F / 81 g KH

Preiswert

Polentagratin

Eine flache Auflaufform mit 1 EL Butter ausstreichen. Die Kartoffeln waschen, schälen und in 1–2 cm große Würfel schneiden. Den Speck entschwarten und in kleine Würfel schneiden, ebenso die Salami.

Backofen auf 180° vorheizen. Je 2 EL Speckwürfel und Rosinen zur Seite stellen, den Rest mit den Salami- und Kartoffelwürfeln, dem Mehl, der Polenta und der Milch zu einem dicken Brei verrühren. Mit Salz und Pfeffer kräftig würzen.

Die Mischung in die Form füllen und mit Speckwürfeln und Rosinen bestreuen, die restliche Butter in kleinen Flöckchen auf den Auflauf setzen.

Im Ofen (Mitte, Umluft 165°) 1–1 1/4 Std. backen, bis die Oberfläche schön gebräunt ist und die Kartoffeln weich sind. Falls das Gratin zu schnell dunkel wird, mit Alufolie abdecken.

Variante:
Polentagratin mit Fonduta

200 g 5-Minuten-Polenta in 150 ml Milch und 600 ml Gemüsebrühe aufkochen und in 5 Min. ausquellen lassen. In eine Reisrandform füllen, mit Alufolie verschlossen 10 Min. bei 250° backen. Stürzen, mit 1 EL Butterflöckchen belegen, 10 Min. backen. 400 g geriebenen Bergkäse in 300 ml Milch mit 2 TL Speisestärke unter Rühren erhitzen. 4 Eigelbe kräftig unterrühren, nicht kochen. Würzen, in den Polentarand gießen.

Dazu paßt ein trockener Weißwein, z. B. ein Fendant aus der Schweiz oder ein badischer Gutedel.

Zutaten für 4 Personen:

1 Zwiebel · 2 EL Öl
1 kleine Dose geschälte Tomaten (400 g Inhalt)
Salz · schwarzer Pfeffer
Paprika, edelsüß
1 TL frischer Thymian (ersatzweise getrocknet)
200 g durchwachsener Räucherspeck
500 g Champignons oder Egerlinge
1 Knoblauchzehe
1 kg Lauch
100 g frisch geriebener Emmentaler
40 g Semmelbrösel
Butterflöckchen zum Belegen

Zubereitungszeit: 55 Min. (+ 20 Min. Backzeit)
Pro Portion etwa:
2585 kJ / 620 kcal
29 g EW / 41 g F / 36 g KH

Preiswert

Pilzgratin mit Lauch und Speck

Zwiebel schälen und fein hacken, in 1 EL Öl andünsten. Die Tomaten samt Saft dazugeben und mit einer Gabel zerdrücken. Mit Salz, Pfeffer, Paprika und Thymian würzen und offen in 10–15 Min. dickflüssig einköcheln lassen.

Den Speck klein würfeln. In einer breiten Pfanne in etwas Öl anbraten. Pilze putzen, in Scheiben schneiden und dazugeben. Knoblauch schälen und darüber pressen. Pilze dünsten, bis fast alle Flüssigkeit verdampft ist. Den Lauch putzen, waschen und in schmale Ringe schneiden. In kochendem Salzwasser kurz blanchieren, abschrecken und abtropfen lassen.

Den Backofen auf 200° vorheizen. Lauch etwas ausdrücken und mit der Hälfte des Käses unter die Pilze mischen. Salzen und pfeffern. Eine feuerfeste Form mit dem restlichen Öl einpinseln und die Mischung hineinfüllen. Die Tomatensauce darüber gießen.

Den restlichen geriebenen Käse und die Semmelbrösel mischen und gleichmäßig darauf streuen. Mit Butterflöckchen besetzen und im Ofen (Mitte, Umluft 180°) in 20 Min. goldbraun überbacken.

Möhren-Lauch-Gratin

Den Lauch putzen, waschen und schräg in etwa 1 cm breite Stücke schneiden. In kochendem Salzwasser 1 Min. blanchieren, eiskalt abschrecken und sehr gut abtropfen lassen. Möhren und Kartoffeln schälen, waschen und mit dem Gurkenhobel in ganz dünne Scheiben hobeln. Den Backofen auf 200° vorheizen.

Knoblauchzehe schälen und längs halbieren. Eine Auflaufform zuerst mit den Knoblauchhälften ausreiben, dann fetten. Die Möhren- und Kartoffelscheiben mit den Lauchringen abwechselnd dachziegelartig in die Form schichten, kräftig salzen und pfeffern.

Die Crème fraîche mit dem Senf verrühren, leicht salzen, pfeffern und über das Gemüse gießen. Mit dem Käse bestreuen und mit Butterflöckchen besetzen.

Den Auflauf im Ofen (Mitte, Umluft 180°) in 40 Min. goldbraun überbacken. Dazu passen Schweinemedaillons oder Bratwürstchen.

Zutaten für 4 Personen:

500 g Lauch · Salz
500 g Möhren
350 g mehligkochende Kartoffeln · 1 Knoblauchzehe
Pfeffer · 300 g Crème fraîche
1 TL mittelscharfer Senf
100 g frisch geriebener Emmentaler
Butterflöckchen zum Belegen
Fett für die Form

Zubereitungszeit: 20 Min. (+ 40 Min. Backzeit)
Pro Portion etwa:
2220 kJ / 530 kcal
12 g EW / 39 g F / 34 g KH

Schnell

Dazu paßt Bier.

Wirsing-Kartoffel-Gratin

Zutaten für 4–6 Personen:

1 kleiner Wirsing
Salz
800 g Kartoffeln
80 g durchwachsener Räucherspeck
2 Knoblauchzehen
1 Zwiebel
2 EL Butter
1 EL Öl
150 g mittelalter Gouda
200 g milder Schafkäse
Pfeffer
1 TL Kümmel
1 TL Korianderpulver
frisch geriebene Muskatnuß
250 g Sahne
Butter für die Form

Zubereitungszeit: 55 Min. (+ 35 Min. Backzeit)
Bei 6 Personen pro Portion etwa: 2235 kJ / 535 kcal
21 g EW / 38 g F / 30 g KH

Preiswert

Den Wirsing vierteln, vom Strunk befreien und in grobe Streifen schneiden. Reichlich Salzwasser zum Kochen bringen, den Wirsing darin 3–4 Min. blanchieren. Herausheben und abtropfen lassen. Die Kartoffeln schälen, abspülen und in dünne Scheiben schneiden oder hobeln. Kartoffelscheiben im Kohlwasser 2 Min. kochen, in einem Sieb abtropfen lassen.

Den Speck eventuell entschwarten, kleinwürfeln, Knoblauch und Zwiebel schälen und in Würfel schneiden. Butter und Öl in einer großen Pfanne erhitzen, die Speckwürfel darin anbraten. Zwiebel und Knoblauch kurz mitbraten. Den Wirsing dazugeben, alles gut vermischen.

Den Gouda reiben. Eine große feuerfeste Form fetten. Den Backofen auf 180° vorheizen.

Zuerst eine Lage Kartoffeln in die Form schichten, darauf eine Schicht Wirsing verteilen. Etwas Schafkäse darüber krümeln und mit etwas Gouda bestreuen. Jede Lage mit Pfeffer, Kümmel, Koriander und Muskat würzen. Wieder abwechselnd Kartoffeln, Kohl und Käse einschichten, bis die Zutaten verbraucht sind; mit Käse abschließen. Die Sahne leicht mit Salz, Kümmel, Koriander und Muskat würzen, über das Gratin gießen. Im Ofen (Mitte, Umluft 160°) 35 Min. backen.

Gratinierter Chicorée mit Gemüsefüllung

Zutaten für 4 Personen:

8 möglichst gleich große Chicoréestauden (etwa 800 g)
Salz
250 g Spinat
125 g Champignons oder Shiitake-Pilze
2 Knoblauchzehen
125 g altbackenes Weißbrot
3 EL Butter
50 g frisch geriebener Hartkäse (Parmesan oder alter Gouda)
2 Eigelbe
weißer Pfeffer
1 Prise getrockneter Thymian
8–12 Scheiben Frühstücksspeck (Bacon)
1/4 l Gemüsebrühe
Zahnstocher
Fett für die Form

Zubereitungszeit: 45 Min. (+ 25–30 Min. Backzeit)
Pro Portion etwa: 2665 kJ / 635 kcal
24 g EW / 29 g F / 18 g KH

Läßt sich gut vorbereiten

Dazu paßt ein fruchtiger, nicht zu herber Weißwein, z. B. ein Chardonnay.

Die Chicoréestauden putzen, waschen und längs halbieren. Reichlich Salzwasser aufkochen lassen, den Chicorée darin in 10–15 Min. bißfest garen.

Inzwischen den Spinat gründlich waschen, verlesen und die harten Stiele entfernen. Die Pilze mit Küchenpapier säubern, fein hacken. Knoblauch schälen und fein würfeln. Das Weißbrot entrinden und reiben oder in der Küchenmaschine zerkleinern.

Den Chicorée aus dem Wasser heben und in einem Sieb gut abtropfen lassen. Den Spinat im Kochwasser 3 Min. garen, in ein Sieb abgießen, fest ausdrücken und fein hacken.

Backofen auf 200° vorheizen. In einer kleinen Pfanne 1 EL Butter erhitzen und die gehackten Pilze und den Knoblauch darin 5 Min. bei mittlerer bis starker Hitze braten, bis die Flüssigkeit verdampft ist. Mit gehacktem Spinat, der Hälfte von den Brotbröseln, geriebenem Käse und Eigelben vermischen. Mit Salz, Pfeffer und Thymian abschmecken.

Jeweils 2 Chicoréehälften mit der Gemüsemasse füllen, mit den Speckscheiben umwickeln und diese mit Zahnstochern feststecken.

Eine flache Auflaufform fetten, Chicorée hineinlegen und die Brühe angießen. Die restlichen Brotbrösel darüber streuen und die übrige Butter in kleinen Flöckchen darauf verteilen.

Den Chicorée im Ofen (Mitte, Umluft 180°) 25–30 Min. überbacken. Dabei die Oberfläche gelegentlich mit etwas Brühe beträufeln.

Variante:
Überbackener Chicorée

Die Chicoréestauden unzerteilt in 15 Min. bißfest garen. Abtropfen lassen, das Kochwasser aufheben. 1 EL Butter zerlassen, 2 EL Mehl einstreuen und aufschäumen lassen. 3/8 l Kochwasser abmessen, mit 125 g Sahne unterrühren, bei schwacher Hitze 5 Min. köcheln lassen. Die Chicoréestauden einzeln in jeweils 1 Schinken- und Käsescheibe wickeln. Eine flache Auflaufform fetten und die Stauden hineinlegen. Die Sauce mit Salz, Muskat, Thymian und Zitronensaft abschmecken, darüber gießen. Mit 2 EL Semmelbröseln bestreuen und 2 EL Butter in Flöckchen darauf setzen. Im Ofen bei 220° (Mitte, Umluft 200°) 20–25 Min. backen, bis die Oberfläche gebräunt ist.

Pilze sollten möglichst nicht gewaschen werden. Es genügt, wenn Sie sie mit Küchenpapier abreiben.

Damit der Spinat die Füllung nicht zu flüssig macht, muß er gut ausgedrückt werden, bevor man ihn fein hackt.

Die Chicoréehälften nach dem Füllen jeweils zusammenklappen und mit den Speckscheiben umwickeln.

Der Tip vom Profi !

Schwarzwurzeln – ein klassisches Herbst- und Wintergemüse – können Sie in den Monaten Oktober bis April kaufen. Wählen Sie beim Einkauf möglichst dicke, feste Wurzeln, denn die machen beim Schälen weniger Arbeit. Stangen, die sich biegen lassen, sind nicht mehr frisch. Wer das Arbeiten mit Gummihandschuhen vermeiden will, kocht die Stangen erst und schält sie anschließend. Dann sondern sie nämlich keinen schwarz färbenden Saft mehr ab.
In den übrigen Monaten können Sie das Gratin mit Schwarzwurzeln aus der Dose zubereiten. Die Zubereitungszeit verkürzt sich dann um etwa 20 Min.

Zutaten für 4–6 Personen:

3 EL Essig
800 g Schwarzwurzeln
Salz
2 EL Zitronensaft
1 Bund Petersilie
300 g Kräuterfrischkäse
100 g Sahne
1 EL Senf
3 Knoblauchzehen
80 g frisch geriebener Parmesan
Pfeffer
Fett für die Form

Zubereitungszeit: 40 Min. (+ 20 Min. Backzeit)
Bei 6 Personen pro Portion etwa: 2165 kJ / 520 kcal
25 g EW / 26 g F / 49 g KH

Vegetarisch

Gratinierte Schwarzwurzeln in Kräuter-Senf-Sauce

In einer großen Schüssel 1 l Wasser mit dem Essig bereitstellen. Die Schwarzwurzeln unter fließendem Wasser gründlich abbürsten. Dann mit dem Sparschäler schälen (dabei am besten Gummihandschuhe tragen, denn die Schwarzwurzeln sondern einen klebrigen Saft ab). Die Stangen in etwa 5 cm lange Stücke schneiden und sofort in das Essigwasser legen, damit sie sich nicht braun färben.

In einem Topf Salzwasser mit dem Zitronensaft aufkochen und die Schwarzwurzeln darin 10 Min. zugedeckt kochen lassen.

Inzwischen die Petersilie waschen, die Blättchen fein hacken. Den Kräuterfrischkäse mit der Sahne und dem Senf verrühren. Den Knoblauch schälen und dazupressen. Die Petersilie mit der Hälfte des Parmesans unterrühren und die Masse mit Salz und Pfeffer abschmecken.

Den Backofen auf 200° (Umluft 180°) vorheizen. Eine Auflaufform fetten. Die Schwarzwurzeln in ein Sieb schütten, gut abtropfen lassen und in die Form legen. Die Käsecreme darauf verteilen und glattstreichen. Mit dem restlichen Parmesan gleichmäßig bestreuen.

Die Schwarzwurzeln im Ofen (Mitte) 20 Min. überbacken.

Zutaten für 10–12 Personen:

Salz · 750 g grüne Bandnudeln
400 g gekochter Schinken
500 g Mozzarella
je 150 g Gouda und Greyerzer
300 g Champignons
8 Eier · 400 g Sahne
Pfeffer · Cayennepfeffer
1 TL getrockneter Majoran
300 g tiefgekühlte Erbsen
2 Packungen stückige Tomaten (mit Zwiebel-Knoblauch-Würze, jeweils 370 g Inhalt)
5–6 Knoblauchzehen
Butter für die Form

Zubereitungszeit: 1 Std. (+ 25–30 Min. Backzeit)
Bei 12 Personen pro Portion etwa: 3010 kJ / 720 kcal 38 g EW / 37 g F / 60 g KH

Für die große Runde

Nudelauflauf mit dreierlei Käse

In einem großen Topf reichlich Salzwasser aufkochen lassen, die Nudeln darin in 8 Min. bißfest garen. Den Schinken in Streifen, Mozzarella in kleine Würfel schneiden. Gouda und Greyerzer grob raspeln. Champignons mit Küchenpapier putzen, in Scheiben schneiden. Den Backofen auf 200° vorheizen. Eine große feuerfeste Form (oder zwei kleinere) buttern.

Die Eier mit der Sahne verquirlen, mit Salz, Pfeffer, Cayennepfeffer und Majoran kräftig würzen. Die abgetropften Nudeln mit dem Schinken, Mozzarella, Erbsen, Champignons und Tomatenstücken vermischen. Den Knoblauch schälen und dazupressen. Alles in die Form(en) füllen und die Eiermischung darüber gießen.

Mit dem geraspelten Käse bestreuen und im Ofen (Mitte, Umluft 180°) in 25–30 Min. goldbraun überbacken.

Dazu schmeckt ein bunt gemischter Salat.

Dazu paßt ein leichter italienischer Rotwein, z. B. Montepulciano oder ein Rosé aus Sardinien.

Würziger Brotauflauf

Brot in dünne Scheiben schneiden und in der Milch 15 Min. einweichen. Stielansätze der Tomaten entfernen. Tomaten kurz überbrühen, häuten, halbieren und entkernen, kleinschneiden. Den Mozzarella in Scheiben schneiden. Die überschüssige Milch von den Brotscheiben abgießen.

Backofen auf 180° vorheizen. Eine flache feuerfeste Form fetten, mit Brotscheiben auslegen. Eine Schicht Tomaten darübergeben, mit etwas Salz, Pfeffer und Oregano bestreuen, mit einer Lage Käse abdecken. Darauf wieder Brot, Tomaten, Gewürze, Käse und so weiter einschichten. Mit Tomaten und Oregano abschließen.

Die Eier mit dem Parmesan verrühren, etwas salzen und pfeffern, über den Auflauf gießen. Mit einer Gabel vorsichtig die Lagen mehrmals durchstechen.

Die Oberfläche mit der Butter in kleinen Flöckchen belegen. Den Brotauflauf im Ofen (Mitte, Umluft 160°) 45–50 Min. backen, bis die Oberfläche schön gebräunt ist.

Zutaten für 4 Personen:

200 g Weißbrot vom Vortag
400 ml Milch
750 g reife Tomaten
450 g Mozzarella (oder Bel Paese bzw. Fontina-Käse)
Salz · schwarzer Pfeffer
2 EL fein gehackter Oregano (oder Basilikum)
4 Eier
4 EL frisch geriebener Parmesan
3 EL Butter
Fett für die Form

Zubereitungszeit: 30 Min. (+ 45–50 Min. Backzeit)
Pro Portion etwa: 3215 kJ / 770 kcal 41 g EW / 42 g F / 42 g KH

Läßt sich gut vorbereiten

Gemüsecannelloni

Zutaten für 4 Personen:

500 g Möhren
500 g Broccoli
Salz
250 g Egerlinge
1 Zwiebel
1 Knoblauchzehe
2 EL Butter
2 EL Mehl
250 g Sahne
weißer Pfeffer
frisch geriebene Muskatnuß
250 g Cannelloni-Nudeln (ohne Vorkochen)
100 g frisch geriebener Hartkäse (Parmesan oder Bergkäse)
Fett für die Form

Zubereitungszeit: 50 Min. (+ 35–40 Min. Backzeit)
Pro Portion etwa: 2825 kJ / 675 kcal
28 g EW / 32 g F / 73 g KH

Läßt sich gut vorbereiten

Die Möhren schälen. Broccoli waschen und die Stiele abschneiden, schälen und fein würfeln, die Broccoliröschen sehr klein zerteilen. In einem Topf 1/2 l Salzwasser aufkochen, das Gemüse darin 5 Min. kochen lassen, in ein Sieb gießen und die Brühe auffangen.

Die Egerlinge säubern, nur wenn sie sehr schmutzig sind, kurz waschen und trocknen. Fein hacken. Zwiebel und Knoblauch schälen und klein würfeln.

In einer Kasserolle die Butter bei mittlerer Hitze zerlaufen lassen. Zwiebeln, Knoblauch und Egerlinge darin anbraten. Das Mehl darüber streuen und unterrühren. Gemüse-Kochbrühe und Sahne angießen, in 7 Min. bei mittlerer Hitze zu einer dicken Sauce einkochen lassen.

Den Backofen auf 200° vorheizen. Eine Auflaufform fetten. Die Sauce mit Salz, Pfeffer und Muskat würzen, die Hälfte davon unter das Gemüse mischen.

Die Cannelloni-Rollen mit der Gemüsemischung füllen und in die Auflaufform legen, restliche Füllung daneben verteilen. Die restliche Sauce darüber gießen, mit dem Käse bestreuen und im Ofen (Mitte, Umluft 180°) 35–40 Min. überbacken, bis die Oberfläche gebräunt ist.

Dazu paßt ein frischer, gut gekühlter junger Weißwein, z. B. ein Verdicchio aus Italien oder ein Sancerre aus Frankreich.

Zutaten für 4 Personen:

- 750 g Spinat
- 3 Eier
- 50 g Pinienkerne
- 750 g Tomaten
- 4 EL Butter
- 4 EL Mehl
- etwa 850 ml Milch
- Salz
- weißer Pfeffer
- frisch geriebene Muskatnuß
- 1 Zwiebel
- 2 Knoblauchzehen
- 2 EL Olivenöl
- 1/4 TL gemahlener Koriander
- 300 g Lasagneplatten (ohne Vorkochen)
- 100 g frisch geriebener Hartkäse (Parmesan, Pecorino oder Greyerzer)
- Fett für die Form

Zubereitungszeit: 40 Min. (+ 35–40 Min. Backzeit)
Pro Portion etwa: 3710 kJ / 885 kcal
39 g EW / 44 g F / 89 g KH

Für Gäste

Spinatlasagne Florentiner Art

Spinat waschen, verlesen, die dicken Stiele entfernen. Die Blätter abtropfen lassen. Die Eier in 8 Min. hart kochen. Pinienkerne in einer trockenen Pfanne bei mittlerer Hitze unter Rühren hellbraun rösten. Stielansätze der Tomaten entfernen. Tomaten kurz überbrühen, häuten, halbieren und entkernen, würfeln. Eier abschrecken, pellen und hacken.

In einem Topf bei mittlerer Hitze 2 EL Butter schmelzen, das Mehl einrühren und aufschäumen lassen. Topf vom Herd nehmen, kurz abkühlen lassen. Die Milch zugießen, unter Rühren aufkochen und 3 Min. leise sieden lassen. Mit Salz, Pfeffer und Muskat kräftig abschmecken, zur Seite stellen.

Zwiebel und Knoblauch schälen, fein würfeln. In einem Topf das Olivenöl auf mittlerer Stufe erhitzen. Zwiebel und Knoblauch darin glasig dünsten. Spinat dazugeben, unter Rühren zusammenfallen lassen, mit Salz, Pfeffer und Koriander würzen.

Backofen auf 200° vorheizen. Eine große flache und rechteckige Auflaufform fetten. Den Boden mit etwas heller Sauce ausgießen, mit Lasagneplatten auslegen, sie dürfen nicht überlappen. Darauf etwas Spinat verteilen, mit Tomatenwürfeln, Pinienkernen, gehackten Eiern und etwas Käse bestreuen, mit etwas Sauce begießen und mit Nudelplatten abdecken. Die letzte Schicht besteht aus Nudelplatten, Sauce und Käse. Mit restlicher Butter in kleinen Flöckchen belegen.

Im Ofen (Mitte, Umluft 180°) 35–40 Min. backen, bis die Oberfläche gut gebräunt ist.

Tip: Wenn die Sauce nicht ausreicht, die Oberfläche dick mit Crème fraîche bestreichen und mit Käse bestreuen, das gibt eine schöne braun-glänzende Kruste.

Zutaten für 4 Personen:

3 große Auberginen (etwa 1,2 kg)
Salz
12 EL Olivenöl
750 g Paprikaschoten
750 g Fleischtomaten
1 Zwiebel
2 Knoblauchzehen
Pfeffer
1 TL getrockneter Thymian
2 EL getrockneter Oregano
1 Prise Zimt
1 Bund Petersilie
200 g Schafkäse
250 g griechischer Joghurt
2 Eier
Fett für die Form

Zubereitungszeit: 1 1/2 Std. (+ 40 Min. Backzeit)
Pro Portion etwa:
2275 kJ / 545 kcal
21 g EW / 41 g F / 21 g KH

Braucht etwas Zeit

Geschichtete Auberginen mit Tomaten und Paprika

Die Auberginen waschen, putzen, längs in etwa 1 cm dicke Scheiben schneiden. Salzen und 20 Min. Saft ziehen lassen. Dann kalt abspülen und trockentupfen.

In einer breiten Pfanne nach und nach 10 EL Olivenöl erhitzen und die Auberginenscheiben darin portionsweise goldbraun braten. Auf Küchenpapier beiseite stellen und abtropfen lassen.

Paprika waschen, putzen, in kleine Würfel schneiden. Die Stielansätze der Tomaten entfernen. Tomaten kurz überbrühen, häuten, entkernen und klein würfeln. Zwiebel schälen und fein hacken. In einer breiten Pfanne das restliche Olivenöl erhitzen, Zwiebel darin andünsten. Paprikawürfel 5 Min. mitdünsten. Knoblauch schälen und dazupressen.

Die Tomatenwürfel unterheben. Alles mit Salz, Pfeffer, Thymian, 1 TL Oregano und Zimt würzen. Zugedeckt bei schwacher Hitze 10 Min. garen. Den Backofen auf 220° vorheizen.

Petersilie waschen, Blättchen fein hacken. Schafkäse zerbröckeln und die Hälfte davon mit der Petersilie unter das Gemüse mischen. Abschmecken und eventuell nachwürzen.

Eine feuerfeste Form fetten. Abwechselnd Auberginenscheiben und Gemüse einschichten. Die oberste Schicht sollten Auberginen sein. Joghurt mit Eiern und restlichem Schafkäse verrühren, mit Salz, Pfeffer und restlichem Oregano würzen. Über den Auflauf gießen. Auberginen im Ofen (Mitte, Umluft 200°) 40 Min. garen.

Janssons Versuchung

Zutaten für 4 Personen:

750 g vorwiegend festkochende Kartoffeln
3 Zwiebeln
3 EL Butter
10 Sardellenfilets (in Salz oder Öl eingelegt)
Salz
schwarzer Pfeffer
250 g Sahne
Fett für die Form

Zubereitungszeit: 30 Min. (+ 1 Std. Backzeit)
Pro Portion etwa: 1980 kJ / 475 kcal
8 g EW / 33 g F / 32 g KH

Preiswert

Die Kartoffeln waschen, schälen und in feine Streifen (dünner als Pommes frites) schneiden. Die Zwiebeln schälen und fein würfeln.

In einer Pfanne die Butter erhitzen und die Zwiebelwürfel darin bei mittlerer Hitze goldgelb dünsten. Die Sardellenfilets eventuell abspülen und mit Küchenpapier trocknen, nach Belieben entgräten, in Stücke schneiden. Den Backofen auf 180° vorheizen.

Eine flache Auflaufform fetten, abwechselnd die Kartoffelstreifen, Zwiebeln und Sardellenfilets einfüllen, jede Lage mit wenig Salz und reichlich Pfeffer würzen.

Die Hälfte der Sahne darüber gießen und das Gratin 45 Min. im Ofen (Mitte; Umluft 160°) garen. Dann die restliche Sahne darüber gießen und nochmals 15 Min. überbacken.

Info: Dieses Gericht wird in Schweden als Hauptgericht mit einer großen Schüssel buntem Salat oder als Beilage zu kurzgebratenem Fleisch oder Fisch serviert.

Dazu paßt frisches helles Bier oder Pils und ein gut gekühlter Aquavit hinterher.

Der Tip vom Profi

Sardellenfilets sind unterschiedlich würzig. In Öl konservierte schmecken so mild, daß Sie sie nach dem Abtropfen ohne weitere Vorbereitung verwenden können. In Salz eingelegte sollten Sie dagegen vor dem Zerteilen gründlich kalt abspülen, damit das Gratin nicht zu salzig gerät.

Kichererbsen-Gemüse-Auflauf

Zutaten für 4 Personen:

- 200 g Kichererbsen
- 1 Lorbeerblatt
- 1 Bund Frühlingszwiebeln
- 250 g Austernpilze
- 1 Möhre
- 250 g Kürbisfruchtfleisch (geputzt gewogen)
- 2 EL Butter
- Salz · weißer Pfeffer
- 200 ml Milch
- 200 g Schmand (ersatzweise Crème fraîche)
- 50 g Dinkelvollkorngrieß
- 3 Eier
- 1/2 TL Paprika, edelsüß
- 1 Prise frisch geriebene Muskatnuß
- 2 EL feingehackte Petersilie
- 1 TL feingehacktes Basilikum
- 150 g grob geriebener Butterkäse
- etwa 2 EL Dinkelvollkorngrieß zum Bestreuen
- Butterflöckchen zum Belegen
- Butter und Dinkelvollkorngrieß für die Form

Zubereitungszeit: 1 1/2 Std. (+ 12 Std. Quellzeit + 45–50 Min. Backzeit)
Pro Portion etwa: 2855 kJ / 685 kcal
21 g EW / 42 g F / 40 g KH

Braucht etwas Zeit

Die Kichererbsen 12 Std. in 1 l Wasser quellen lassen. Dann mit dem Lorbeerblatt in 50 – 60 Min. weich köcheln lassen.

Frühlingszwiebeln waschen, putzen und quer fein schneiden. Pilze putzen und in Streifen schneiden. Möhre waschen, putzen und mit dem Kürbis grob raspeln. Gemüse und Pilze in der Butter bei mittlerer Hitze unter häufigem Wenden 3 Min. braten. Salzen, pfeffern.

Die Kichererbsen abtropfen lassen. Das Lorbeerblatt entfernen. Eine flache feuerfeste Form fetten und mit Grieß ausstreuen. Den Backofen auf 190° vorheizen. Das Gemüse mit den Kichererbsen mischen und in der Form verteilen. Milch mit Schmand, Grieß, Eiern, Salz, Pfeffer, Paprika, Muskat, Kräutern und Käse verrühren, über dem Gemüse verteilen. Mit Grieß bestreuen, mit Butterflöckchen belegen.

Den Auflauf im Ofen (unten, Umluft 170°) in 45 – 50 Min. goldbraun backen.

Kartoffel-Kraut-Gratin

Zutaten für 4 Personen:

- 600 g Weißkohl
- 1 Zwiebel
- 5 Knoblauchzehen
- 1 kg vorwiegend festkochende Kartoffeln
- Salz
- 6 EL Olivenöl
- 2 TL Rosmarinnadeln
- schwarzer Pfeffer
- 100 g Crème fraîche
- 1 Lorbeerblatt
- 100 g geraspelter Parmesan
- 500 g Tomaten

Zubereitungszeit: 40 Min. (+ 40 Min. Backzeit)
Pro Portion etwa: 2520 kJ / 600 kcal
18 g EW / 39 g F / 50 g KH

Gelingt leicht

Den Weißkohl putzen, längs vierteln, vom Strunk befreien und quer in 3 mm dicke Streifen schneiden. Die Zwiebel schälen, halbieren und in dünne Scheiben schneiden. Knoblauch schälen, fein würfeln. Kartoffeln schälen, waschen, in dünne Scheiben schneiden. 1 l Wasser mit 2 TL Salz aufkochen. Kartoffeln darin 1 Min. blanchieren, herausheben, abtropfen lassen.

Kartoffelscheiben mit 4 EL Öl, Rosmarin und Pfeffer mischen, ein Drittel davon beiseite legen. Die restlichen Kartoffelscheiben auf dem Boden einer flachen feuerfesten Form verteilen. Kohlstreifen im Kartoffelwasser 3 Min. blanchieren und abtropfen lassen. Crème fraîche, Zwiebelringe, den Knoblauch, Pfeffer und Salz untermischen, dann auf den Kartoffelscheiben verteilen. Lorbeerblatt hineinstecken, Käse darüber streuen. Den Backofen auf 190° vorheizen. Tomaten waschen, in Scheiben schneiden. Über dem Kohl verteilen, salzen und pfeffern. Mit den restlichen Kartoffelscheiben abdecken.

Das Gratin mit dem übrigen Olivenöl beträufeln und im Ofen (unten, Umluft 170°) in 40 Min. goldbraun backen, bis die Kartoffeln weich sind.

Zutaten für 4 Personen:

- 400 g getrocknete weiße Bohnen
- 1 kleiner Zweig Rosmarin
- je 1 große rote und grüne Paprikaschote (etwa 600 g)
- 3 Zwiebeln
- 4 Knoblauchzehen
- 5 Sardellenfilets
- 40 g fetter Speck
- 1 EL Olivenöl
- 4 EL Weißweinessig
- Salz
- Pfeffer
- 1/4 l Gemüsebrühe
- 2 EL Semmelbrösel
- 50 g frisch geriebener Hartkäse (Parmesan, Greyerzer oder alter Gouda)
- 2 EL Butter
- Fett für die Form

Zubereitungszeit: 1 1/2 Std.
(+ Quellzeit über Nacht
+ 30 Min. Backzeit)
Pro Portion etwa:
2830 kJ / 675 kcal
33 g EW / 24 g F / 86 g KH

Läßt sich gut vorbereiten

Bohnengratin mit Paprika

Die Bohnen in reichlich kaltem Wasser über Nacht einweichen. Am nächsten Tag mit dem Rosmarinzweig aufkochen lassen und 1 1/4 Std. zugedeckt bei schwacher Hitze garen.

Paprikaschoten waschen, putzen und in Streifen schneiden. Zwiebeln und Knoblauch schälen und grob hacken. Sardellenfilets abspülen, trocknen und in Stücke schneiden. Den Speck fein würfeln.

In einer Schmorpfanne das Öl auf mittlerer Stufe erhitzen, die Speckwürfel darin knusprig braun werden lassen. Aus der Pfanne heben. Im verbliebenen Fett die Zwiebel- und Knoblauchwürfel hellgelb andünsten. Die Paprikastreifen 3 Min. mitdünsten. Sardellen und Essig untermischen, 5 Min. einkochen lassen. Mit Salz und Pfeffer abschmecken, zur Seite stellen.

Die Bohnen abgießen und abtropfen lassen. Den Backofen auf 220° vorheizen. Eine mittelhohe Auflaufform fetten.

Abwechselnd Bohnen, Gemüsestreifen und Speck einfüllen, mit Bohnen abschließen. Die Brühe darüber gießen. Im Ofen (Mitte, Umluft 200°) 15 Min. backen. Dann die Semmelbrösel mit Käse vermischen, darüber streuen und die Butter in kleinen Flöckchen darauf verteilen. Weitere 15 Min. im Ofen backen, bis die Kruste schön gebräunt ist.

Tip: Das Gratin schmeckt auch gut als Beilage, z. B. zu gebratenem Fleisch. Es reicht dann für 6 Personen.

Dazu paßt ein leichter, fruchtiger Rotwein aus Italien, z. B. ein trockener Bardolino oder Valpolicella.

MIT FLEISCH UND GEFLÜGEL

Zutaten für 4 Personen:

1 Stück Lauch (etwa 100 g)
2 dicke Stangen Staudensellerie (etwa 100 g)
1/2 Fenchelknolle (etwa 100 g)
1 mittelgroße Möhre
100 g Knollensellerie
2 vorwiegend festkochende Kartoffeln (etwa 200 g)
1 ganze Hühnerbrust (mit Knochen und Haut, etwa 400 g)
Salz
je 2 EL Quinoa und Hirse (ersatzweise 4 EL von einer Sorte)
5 Pimentkörner · 1 Lorbeerblatt
weißer Pfeffer
1 EL grob gehacktes Basilikum
2 EL Zitronensaft
2–3 Spritzer Tabascosauce
200 g Sahne · 4 Eier
Butter und 5–6 EL Sesamsamen für die Form
gehackte Petersilie oder Schnittlauchröllchen

Zubereitungszeit: 40 Min. (+ 50 Min. Backzeit)
Pro Portion etwa: 2160 kJ / 515 kcal
30 g EW / 34 g F / 25 g KH

Gelingt leicht

Sellerie-Hähnchen-Auflauf

Gemüse waschen und putzen. Vom Lauch 1–2 dunkle Blätter, vom Sellerie 1–2 Blätter beiseite legen. Hühnchen waschen. 1 l Wasser mit 1 EL Salz, Quinoa und Hirse aufkochen. Hühnerbrust darin 1 Min. kochen lassen, kurz kalt überbrausen, häuten. Fleisch von den Knochen trennen. Lauch, Fenchel und Staudensellerie quer fein schneiden, Möhre, Knollensellerie und Kartoffeln grob raspeln.

Das Wasser wieder aufkochen lassen. Alle Gemüse und die Hühnerbrüstchen darin 1 Min. kochen lassen. Das Fleisch herausnehmen. Die Flüssigkeit durch ein feines Sieb gießen, in den Topf zurückgeben. Gemüse lauwarm abkühlen lassen. In die Brühe Hähnchenhaut und Knochen, Pimentkörner, Lorbeerblatt und die beiseitegelegten Gemüseblätter geben. 20–30 Min. köcheln lassen.

Den Backofen auf 200° vorheizen. Eine Königskuchenform von 25 cm Länge fetten und mit 2–3 EL Sesamsamen ausstreuen. Die Hälfte vom Gemüse darin verteilen. Die Hühnerbrüste in je 4–5 Scheiben schneiden, auf dem Gemüse verteilen, mit etwas Pfeffer und Basilikum bestreuen. Das restliche Gemüse darüber verteilen. 1/8 l von der Brühe mit Zitronensaft, Tabasco, Sahne, Eiern und Pfeffer glattrühren und über das Gemüse gießen. Mit dem restlichen Sesam bestreuen.

Den Auflauf im Ofen (unten, Umluft 180°) in 50 Min. goldbraun backen. Noch 10 Min. im ausgeschalteten Ofen lassen.

Die Hühnerbrühe durch ein Sieb passieren, das restliche noch am Knochen haftende Fleisch ablösen, fein schneiden, in die Brühe geben. Heiß zum Auflauf servieren. Mit Petersilie oder Schnittlauch bestreuen.

Dazu paßt ein leichter trockener Weißwein, z. B. ein Galestro aus der Toskana.

Zutaten für 4 Personen:

4 Hühnerbrustfilets (je etwa 125 g)
2 EL Olivenöl
Salz
Pfeffer
Cayennepfeffer
2 Dosen Kidneybohnen (je 400 g Inhalt)
1 große Zwiebel
2 Knoblauchzehen
3 EL Tomatenmark
1/8 l Hühnerbrühe
1 Bund Petersilie
200 g Sahne
50 g frisch geriebener Parmesan
Fett für die Form

Zubereitungszeit: 30 Min. (+ 25 Min. Backzeit)
Pro Portion etwa: 2460 kJ / 590 kcal
44 g EW / 32 g F / 27 g KH

Schnell

Hühnerbrüstchen auf Kidneybohnen

Die Hühnerbrustfilets kalt abspülen und trockentupfen. Das Olivenöl in einer Pfanne erhitzen und das Fleisch darin rundherum kräftig anbraten. Dann zugedeckt in 10 Min. bei schwacher Hitze gar ziehen lassen. Mit Salz, Pfeffer und Cayennepfeffer würzen, herausnehmen und beiseite stellen.

Die Kidneybohnen in ein Sieb schütten und gut abtropfen lassen. Die Zwiebel schälen, fein hacken und im verbliebenen Bratfett glasig dünsten. Den Knoblauch schälen und dazupressen. Die Kidneybohnen, das Tomatenmark und die Brühe dazugeben und alles bei schwacher Hitze 10 Min. garen.

Den Backofen auf 200° vorheizen. Die Petersilie waschen, die Blättchen fein hacken und unter die Bohnen mischen. Mit Salz, Pfeffer und Cayennepfeffer kräftig würzen.

Eine Auflaufform fetten und die Bohnen hineinfüllen. Die Hühnerbrüstchen darauf legen. Die Sahne mit dem Parmesan mischen und darüber gießen.

Die Form in den Ofen (Mitte, Umluft 180°) stellen und die Hühnerbrüstchen 25 Min. gratinieren, bis die Oberfläche goldgelb ist.

Dazu schmecken Kartoffeln in der Schale oder Baguette.

Dazu paßt ein kräftiger Rotwein, z. B. ein Rioja.

Zutaten für 6–8 Personen:

10 ausgelöste Hühnerbrustfilets
Salz · Pfeffer
4 EL Mehl
2 Gemüsezwiebeln
250 g Egerlinge
3–4 EL Butterschmalz
2 EL Butter
je 400 g süße und saure Sahne
1 EL Curry
1 TL Paprika, rosenscharf
150 g gekochter Schinken
100 g frisch geriebener Greyerzer
Butter für die Form

Zubereitungszeit: 1 Std. (+ 8 Std. Marinierzeit + 35 Min. Backzeit)
Bei 8 Personen pro Portion etwa: 2570 kJ / 615 kcal
39 g EW / 48 g F / 6 g KH

Läßt sich gut vorbereiten

Hähnchen-Pilz-Gratin

Die Hühnerfilets kalt abspülen, trockentupfen. Leicht klopfen, salzen, pfeffern und mit Mehl bestäuben. Zwiebeln schälen und in Scheiben schneiden. Egerlinge putzen und in Scheiben schneiden.

Die Hühnerfilets im Schmalz bei mittlerer Hitze unter Wenden 4–5 Min. braten. Zur Seite stellen. Die Zwiebeln im verbliebenen Bratfett kurz andünsten. In einer zweiten Pfanne die Butter zerlassen, Pilze hineingeben, salzen, pfeffern und 4 Min. anbraten.

Die süße und die saure Sahne mit Curry und Paprika verrühren. Eine große feuerfeste Form fetten, Hühnerbrüstchen hineinlegen. Zwiebeln und Pilze darauf verteilen. Schinken grob würfeln, darüber streuen. Alles mit der Sahnemischung übergießen und abgedeckt über Nacht kühl stellen.

Den Backofen auf 200° vorheizen. Käse über das Gratin streuen. Im Ofen (Mitte, Umluft 180°) 35 Min. überbacken.

Gratinierte Artischockenböden

Das Hühnerfleisch kalt waschen, trockentupfen und in kleine Würfel schneiden. Mit Salz, Pfeffer und 1 EL Zitronensaft würzen. Die Schalotten schälen und klein würfeln. 1/2 EL Butter erhitzen, die Schalotten darin andünsten. Die Geflügelwürfel hinzufügen, etwas flachdrücken und unter Rühren und Schütteln 2–3 Min. braten. Mit dem Wein ablöschen, einkochen lassen und zur Seite stellen.

Die Artischockenböden abtropfen lassen. In der restlichen Butter anbraten und mit etwas Zitronensaft beträufeln. Die Sauce Hollandaise mit dem Hühnerfleisch mischen und mit dem restlichen Zitronensaft und der -schale, einigen Tropfen Worcestersauce, Pfeffer und der Petersilie würzen.

Den Backofen auf 220° (Umluft 200°) vorheizen. Die Artischockenböden in eine flache feuerfeste Form setzen, das Hühnerfleisch darauf verteilen. Mit dem Käse bestreuen und im Ofen (Mitte) 10–12 Min. überbacken.

Dazu schmeckt eine kleine Portion Wildreis oder Baguette.

Zutaten für 4 Personen:

150 g Hühnerbrustfilets
Salz · Pfeffer
Saft und abgeriebene Schale von 1/2 unbehandelten Zitrone
2 Schalotten · 1 EL Butter
2 EL Weißwein
5–7 Artischockenböden (aus der Dose)
1/2 Packung fertige Sauce Hollandaise (1/8 l)
Worcestersauce
1 EL frisch gehackte Petersilie
50 g frisch geriebener Greyerzer

Zubereitungszeit: 30 Min. (+ 10–12 Min. Backzeit)
Pro Portion etwa: 1370 kJ / 330 kcal
16 g EW / 22 g F / 20 g KH

Schnell

Tip: Kaufen Sie in jedem Fall fertig angerührte Sauce Hollandaise (Tetrapack), die aus Pulver ist nicht so geeignet.

Gratinierte Kohlrabi mit Putenfüllung

Zutaten für 4 Personen:
8 junge Kohlrabi (je etwa 250 g)
Salz
500 g Putenschnitzel
3 EL Öl
Pfeffer
1 Bund Rucola
1/8 l Geflügelbrühe
300 g Crème fraîche
1 Prise Cayennepfeffer
2 EL Zitronensaft
Butterflöckchen zum Belegen
Fett für die Form

Zubereitungszeit: 1 Std.
(+ 20 Min. Backzeit)
Pro Portion etwa:
2595 kJ / 620 kcal
30 g EW / 49 g F / 16 g KH

Für Gäste

Die Kohlrabi dünn schälen und oben einen Dekkel abschneiden. Das Gemüse bis auf einen etwa 1 1/2 cm dicken Rand aushöhlen, und das ausgehöhlte Kohlrabifleisch grob hacken. Reichlich Salzwasser aufkochen und die Kohlrabi darin je nach Größe in 5–8 Min. nicht zu weich garen. Eiskalt abschrecken, mit der Öffnung nach unten abtropfen lassen.

Die Putenschnitzel klein würfeln, im Öl portionsweise rundherum kräftig anbraten. Mit Salz und Pfeffer würzen, zugedeckt beiseite stellen.

Rucola waschen und von den groben Stielen befreien. Die Blätter in schmale Streifen schneiden. Das gehackte Kohlrabifleisch mit dem Rucola im verbliebenen Bratfett andünsten. Mit der Brühe aufgießen und aufkochen lassen. Die Crème fraîche untermischen, alles zugedeckt bei schwacher Hitze 10 Min. dünsten.

Den Backofen auf 200° (Umluft 180°) vorheizen. Das Gemüse im Mixer pürieren und noch einmal aufkochen lassen. Mit Salz, Pfeffer, Cayennepfeffer und Zitronensaft abschmecken.

Eine feuerfeste Form fetten. Die ausgehöhlten Kohlrabi mit den Putenwürfeln füllen und nebeneinander in die Form setzen. Mit der Gemüsesauce auffüllen und mit Butterflöckchen besetzen. Die restliche Sauce daneben verteilen.

Die Kohlrabi im Ofen (Mitte) 20 Min. überbacken.

Das besondere Rezept !

Ein köstliches Gästeessen, das zudem wenig kostet und sich toll vorbereiten läßt. Kohlrabi, Putenfleisch und Gemüsesauce können Sie schon morgens garen. Dann am Abend nur noch füllen und im Ofen gratinieren. Dazu schmeckt Kartoffelpüree, aber auch Reis – eventuell mit Wildreis gemischt – und ein trockener Weißwein, z. B. ein Chardonnay.

Mexikanische Tortillas mit Hackfleischfüllung

Zutaten für 4 Personen:

- **2 EL Butter**
- **150 g Maismehl (Bioladen, Reformhaus)**
- **50 g Mehl**
- **Salz**
- **1/2 l Milch**
- **4 Eier**
- **2 Zwiebeln**
- **4 Knoblauchzehen**
- **1 große rote Paprikaschote (etwa 300 g)**
- **3 EL Öl**
- **400 g gemischtes Hackfleisch**
- **1 Packung stückige Tomaten (370 g Inhalt)**
- **1 getrocknete Chilischote**
- **1/2 TL Kreuzkümmelsamen**
- **1 TL getrockneter Oregano**
- **schwarzer Pfeffer**
- **100 g frisch geriebener Hartkäse (Gouda)**

Zubereitungszeit: 50 Min. (+ 10 Min. Backzeit)
Pro Portion etwa:
3585 kJ / 850 kcal
23 g EW / 38 g F / 123 g KH

Preiswert

Für den Teig die Butter zerlassen. Maismehl, Mehl und etwas Salz mit der Milch verrühren, die Eier und die zerlassene Butter unterquirlen.

Für die Füllung Zwiebeln und Knoblauch schälen und grob hacken. Die Paprikaschote waschen, putzen und würfeln. In einem Topf 1 EL Öl auf mittlerer Stufe erhitzen, das Hackfleisch darin unter Rühren in 5–7 Min. braun braten, dabei zerbröseln. Zwiebeln, Knoblauch und Paprikawürfel kurz mit andünsten. Dann die Tomatenstückchen unterrühren.

Chilischote und Kreuzkümmel im Mörser zerstoßen, mit Oregano unter das Hackfleisch rühren. Mit Salz und Pfeffer würzen, 15 Min. bei mittlerer Hitze offen schmoren.

Eine beschichtete Pfanne auf mittlerer Stufe erhitzen, dünn mit etwas Öl ausstreichen und darin aus dem Teig nacheinander ganz dünne, helle Pfannkuchen backen. Backofen auf 250° (Umluft 230°) vorheizen. Eine flache Form mit Öl ausstreichen.

Die fertigen Tortillas mit der Hackmischung füllen und zusammenklappen, nebeneinander in die Form setzen. Mit dem geriebenen Käse bestreuen und im Ofen (Mitte) 10 Min. gratininieren, bis der Käse leicht bräunt.

Dazu einen bunt gemischten Salat mit Avocadostreifen servieren.

Dazu paßt Bier oder ein leichter, trockener Rotwein, z. B. ein Côtes du Rhône.

Zutaten für 4 Personen:
250 g + 2 EL Mehl
200 ml Milch
200 ml Mineralwasser
Salz
2 Eier
2 Zwiebeln
2 EL Schweine- oder Butterschmalz
400 g Schweinehackfleisch
2 EL Paprika, edelsüß
1 getrocknete rote Chilischote
150 ml Fleischbrühe
2 EL Tomatenmark
2 EL frisch gehackte Petersilie
Salz
schwarzer Pfeffer
250 g Schmand (ersatzweise Crème fraîche)
2 EL Öl
Fett für die Form

Zubereitungszeit: 50 Min.
(+ 5–7 Min. Backzeit)
Pro Portion etwa:
3185 kJ / 760 kcal
30 g EW / 44 g F / 61 g KH

Läßt sich gut vorbereiten

Gratinierte Palatschinken mit Hack

In einer Schüssel 250 g Mehl nach und nach mit der Milch, dem Mineralwasser und Salz verrühren, bis ein glatter Teig entstanden ist. Zuletzt die Eier unterquirlen, den Teig zur Seite stellen und 30 Min. quellen lassen.

Inzwischen die Zwiebeln schälen und fein würfeln. In einem Topf das Schmalz erhitzen. Darin die Zwiebeln bei mittlerer Hitze glasig dünsten. Das Hackfleisch dazugeben und unter Rühren anbräunen. Paprika und zerbröselte Chilischote darüber streuen, kurz durchrühren, mit der Brühe aufgießen. Zugedeckt bei schwacher Hitze 15 Min. schmoren lassen. Das Tomatenmark und die Petersilie unterrühren, Hackfleisch mit Salz und Pfeffer abschmecken und zur Seite stellen.

Den Backofen auf 250° (Umluft 220°) vorheizen. Den Schmand oder die Crème fraîche mit 2 EL Mehl und 1 Prise Salz verrühren, etwas quellen lassen.

In einer beschichteten Pfanne etwas Öl bei mittlerer Stufe erhitzen und aus dem Teig nach und nach etwa 12 dünne Pfannkurchen (Palatschinken) backen. Die fertigen auf einem Teller aufeinanderlegen.

Eine große, flache Gratinform fetten. Die Pfannkuchen jeweils mit etwas Hackfüllung bestreichen, aufrollen und nebeneinander in die Form legen.

Mit dem Schmand übergießen und im Ofen (oben) 5–7 Min. überbacken, bis die Oberfläche ganz leicht gebräunt ist.

Dazu paßt ein fülliger Weißwein, z. B. aus Ungarn.

Moussaka

Zutaten für 8–10 Personen:

1,2 kg vorwiegend festkochende Kartoffeln
350 ml Olivenöl
3 Stengel frischer Rosmarin (ersatzweise 1 1/2 EL getrocknet)
Salz
schwarzer Pfeffer
je 800 g Auberginen, Tomaten und Zucchini
3 große Zwiebeln
1 Knolle Knoblauch
800 g gemischtes Hackfleisch
400 g Lammhack
6–8 frische Salbeiblätter
4 Stengel frischer Thymian (ersatzweise 1 EL getrocknet)
1 Packung stückige Tomaten (370 g Inhalt)
5 Eier
1/4 l Milch
Salbeiblättchen zum Garnieren

Zubereitungszeit: 2 Std. (+ 1 Std. Backzeit)
Bei 10 Personen pro Portion etwa: 3210 kJ / 765 kcal
15 g EW / 46 g F / 88 g KH

Für die große Runde

Dazu paßt ein einfacher roter Landwein.

Den Backofen auf 200° vorheizen. Kartoffeln schälen, waschen und in Scheiben schneiden oder hobeln. Die Saftpfanne des Backofens mit 3 EL Öl ausstreichen, die Kartoffelscheiben darin verteilen. Rosmarin fein hacken und über die Kartoffeln streuen. Mit Salz und Pfeffer würzen. Mit Alufolie abdecken und im Ofen (Mitte, Umluft 180°) 20 Min. vorgaren.

Die Auberginen abspülen, trockentupfen und in 1 cm dicke Scheiben schneiden. Auf beiden Seiten salzen und 20 Min. auf Küchenpapier legen, damit Fruchtwasser und eventuell enthaltene Bitterstoffe austreten können. Stielansätze der Tomaten entfernen. Tomaten kurz überbrühen, häuten und in Scheiben schneiden. Die Zucchini waschen, putzen und in Scheiben schneiden.

Die Zwiebeln und den Knoblauch schälen. Zwiebeln in Würfel oder Scheiben schneiden. In einer großen Pfanne reichlich Öl erhitzen, die Zwiebeln darin andünsten. Wieder herausheben, noch etwas Öl nachgießen und das Hackfleisch portionsweise krümelig anbraten. Mit Salz, Pfeffer, Salbei und Thymian (kleingeschnitten oder gerebelt) würzen. Den Knoblauch dazupressen, Zwiebeln und Tomatenstücke hinzufügen und alles gut vermischen.

Wieder Öl in einer Pfanne erhitzen. Auberginen trockentupfen und nach und nach goldbraun anbraten, dabei immer wieder etwas Öl nachgießen. Auf Küchenpapier legen und abtropfen lassen. Noch etwas Öl nachgießen und die Zucchinischeiben ebenfalls kurz anbraten.

Die Fleischmasse auf den vorgegarten Kartoffeln verteilen. Nun abwechselnd und dachziegelartig Auberginen-, Tomaten- und Zucchinischeiben darauf legen. Mit Salz und Pfeffer würzen.

Den Backofen wieder auf 200° aufheizen. Die Eier mit der Milch verquirlen, salzen und pfeffern. Die Eimasse über die Moussaka gießen und im Ofen (Mitte) in 40 Min. goldbraun backen. Die Moussaka mit Salbeiblättchen garniert servieren.

Dazu knuspriges Weißbrot servieren.

Tips: Sie können die Moussaka komplett vorbereiten, mit Alufolie abdecken und bis zum Überbacken kühl stellen.

Andere Geschmackserlebnisse bekommen Sie, wenn Sie nur Lammhack nehmen oder auch einmal gehacktes Kalbfleisch bzw. Geflügel.

Und wer die Moussaka noch würziger mag, streut jeweils etwas zerkrümelten Schafkäse auf die Schichten. Dann mit Salz vorsichtig würzen, denn der Käse ist meist sehr salzig.

Hackfleisch so lange anbraten und dabei auseinander lösen, bis es gebräunt und krümelig ist.

Haut der Tomaten kreuzweise einschneiden, Früchte heiß überbrühen, kurz ziehen lassen. Nach dem Abschrecken Haut abziehen.

Tomaten, Zucchini und Auberginen dachziegelartig – reihenweise oder gemischt – auf der Hackfleischmasse anordnen.

Der Tip vom Profi !

Reisnudeln sehen aus wie Reiskörner, sind aber wie Nudeln aus Hartweizengrieß, Wasser und Salz gemacht. Kaufen können Sie sie in griechischen und türkischen Spezialitätengeschäften. Wer sie nicht bekommt, nimmt stattdessen andere kleine Nudeln, zum Beispiel Spiralen, Hörnchen oder kurze Rigatoni.

Zutaten für 4 Personen:

750 g Kalbfleisch oder Lammfleisch (Keule)
4 EL Butter
Salz
schwarzer Pfeffer
Paprika, rosenscharf
600 g Tomaten
2 EL Tomatenmark
150 ml trockener Weißwein (ersatzweise Geflügelfond)
350 g Reisnudeln (Kritharaki, Rosmarino)
75 g frisch geriebener Hartkäse (Kefalotiri, alter Gouda oder Parmesan)

Zubereitungszeit: 30 Min. (+ 1 1/2 Std. Backzeit)
Pro Portion etwa: 3115 kJ / 745 kcal
44 g EW / 27 g F / 74 g KH

Für Gäste

Kalbfleisch mit Nudeln aus dem Ofen

Das Kalbfleisch in 4 cm große Würfel schneiden, mit Küchenpapier trockentupfen. In einer Pfanne die Hälfte der Butter erhitzen, das Fleisch darin bei mittlerer Hitze in 7 Min. rundherum leicht anbräunen, in eine mittelhohe Auflaufform füllen, mit Salz, Pfeffer und Paprika würzen.

Den Backofen auf 200° vorheizen. Die Stielansätze der Tomaten entfernen. Tomaten kurz überbrühen, häuten, halbieren und entkernen, in Stücke schneiden und zum Fleisch geben. Das Tomatenmark mit Weißwein verrühren und darüber gießen. Die restliche Butter in kleinen Stücken darauf verteilen. Die Form mit Alufolie abdecken und in den Ofen (Mitte, Umluft 180°) schieben. Das Fleisch 1 Std. garen, bei Bedarf etwas Wasser nachgießen.

Das Fleisch aus der Form heben, den Bratfond mit 1/2 l Wasser verrühren, salzen und die Nudeln untermischen. Wieder zugedeckt in den Ofen schieben, 20 Min. garen, eventuell Wasser nachgießen. Dann das Fleisch wieder unter die Nudeln mischen und alles mit dem Käse bestreuen. Noch 10 Min. offen im Ofen backen. In der Form servieren.

Info: Kefalotiri ist ein harter und sehr salziger Käse aus Griechenland – das Gegenstück zum italienischen Parmesan. Frisch gerieben über den Auflauf gestreut, entwickelt er ein intensives Aroma.

Marinierte Kalbsschnitzel unter Pilzhaube

Zutaten für 4 Personen:

4 Kalbsschnitzel (je etwa 800 g)
2 – 3 EL Zitronensaft
3 EL Olivenöl
2 Knoblauchzehen
je 1 TL getrockneter Thymian und Oregano
Salz · Pfeffer
500 g Austernpilze
2 Zwiebeln
2 EL Butter
150 g Crème fraîche
2 EL Tomatenmark
1 Bund Basilikum
125 g Mozzarella
Fett für die Form

Zubereitungszeit: 55 Min.
(+ 20 Min. Backzeit)
Pro Portion etwa:
2465 kJ / 590 kcal
39 g EW / 42 g F / 15 g KH

Für Gäste

Die Kalbsschnitzel auf eine Platte legen. Den Zitronensaft mit dem Olivenöl verrühren. Den Knoblauch schälen und dazupressen. Mit Thymian, Oregano, Salz und Pfeffer würzen. Die Mischung über die Kalbsschnitzel gießen und zugedeckt 30 Min. im Kühlschrank marinieren lassen, dabei einmal wenden.

Inzwischen die Austernpilze putzen und in schmale Streifen schneiden. Die Zwiebeln schälen und fein hacken. Eine Auflaufform fetten. Das Fleisch aus der Marinade nehmen und abtupfen.

Die Butter in einer Pfanne erhitzen und die Kalbsschnitzel darin bei mittlerer Hitze 4 Min. braten, dabei einmal wenden. Salzen, pfeffern, herausnehmen und nebeneinander in die Auflaufform legen.

Den Backofen auf 200° (Umluft 180°) vorheizen. Die Pilzstreifen im verbliebenen Bratfett in 5 Min. kräftig anbraten. Die Zwiebeln untermischen, weitere 5 Min. garen. Mit der restlichen Marinade ablöschen. Die Crème fraîche und das Tomatenmark unterrühren, die Sauce mit Salz und Pfeffer würzen.

Das Basilikum abbrausen, abzupfen, bis auf einige Blättchen in schmale Streifen schneiden und unter die Pilze mischen. Die Pilzsauce gleichmäßig auf den Kalbsschnitzeln verteilen. Den Mozzarella in Scheiben schneiden und darauf legen, salzen und pfeffern.

Die Form in den Ofen (Mitte) stellen und die Schnitzel 20 Min. überbacken. Vor dem Servieren mit den restlichen Basilikumblättchen garnieren.

Dazu schmecken Rösti oder Kartoffelpuffer.

Zutaten für 4 Personen:

- 1 Chinakohl (etwa 750 g)
- 1 große rote Paprikaschote
- 1 Zwiebel
- 2 Knoblauchzehen
- 1 EL Butter
- 3 EL trockener Sherry (ersatzweise Brühe oder Wasser)
- Salz
- 1 Bund Petersilie
- 300 g Schweinemett
- 1 Ei
- 3 EL Semmelbrösel
- 2 EL Crème fraîche
- Saft und abgeriebene Schale von 1/2 unbehandelten Zitrone
- Pfeffer
- 1 Prise Cayennepfeffer
- 1 TL Paprika, edelsüß
- Fett für Form

Zubereitungszeit: 45 Min. (+ 30 Min. Backzeit)
Pro Portion etwa:
1780 kJ / 425 kcal
19 g EW / 30 g F / 23 g KH

Läßt sich gut vorbereiten

Chinakohl mit Schweinemett-Füllung

Vom Chinakohl die äußeren welken Blätter entfernen und den Strunkansatz abschneiden. Den Chinakohl längs vierteln, waschen und gut abtropfen lassen. Einige innere Blätter herauslösen, so daß eine Mulde für die Füllung entsteht. Die ausgelösten Blätter kleinhacken. Die Paprikaschote waschen, putzen und in kleine Würfel schneiden. Die Zwiebel schälen und fein hacken, den Knoblauch schälen.

In einer breiten Pfanne die Butter erhitzen. Zwiebel darin andünsten, Paprikawürfel und kleingehackten Kohl dazugeben, den Knoblauch darüber pressen. Den Sherry angießen, alles salzen und zugedeckt bei schwacher Hitze 10 Min. dünsten. Vom Herd nehmen und abkühlen lassen.

Den Backofen auf 225° vorheizen. Die Petersilie waschen, die Blättchen fein hacken. Mit dem Schweinemett in eine große Schüssel geben. Das Ei, die Semmelbrösel, die Crème fraîche, den Zitronensaft und die -schale sowie das Paprikagemüse dazugeben. Mit Salz, Pfeffer, Cayennepfeffer und Paprika kräftig würzen und alles mischen.

Eine Auflaufform fetten und die Chinakohlviertel nebeneinander hineinsetzen. Die Füllung in den Mulden verteilen. Die Form mit einem Deckel oder Alufolie verschließen und 20 Min. in den Ofen (Mitte, Umluft 200°) stellen. Dann den Chinakohl offen weitere 10 Min. überbacken.

Dazu passen Salzkartoffeln oder Stangenweißbrot.

Tip: Beim Vierteln des Chinakohls darauf achten, daß der Strunk jeweils genau in der Mitte durchgeschnitten wird, sonst fallen die Blätter beim Garen auseinander.

Zutaten für 4 Personen:

3 große Gemüsezwiebeln (etwa 1,5 kg)
Salz
50 g Semmelbrösel
125 g Sahne
1 Stengel Selleriegrün
400 g Kalbshackfleisch
1 Eigelb
Salz · schwarzer Pfeffer
30 g Butter
1/4 l Fleischbrühe

Zubereitungszeit: 30 Min. (+ 30 Min. Backzeit)
Pro Portion etwa:
1780 kJ / 425 kcal
28 g EW / 20 g F / 27 g KH

Schnell

Zwiebelröllchen mit Kalbshack

Die Zwiebeln schälen. Reichlich Salzwasser aufkochen und die Zwiebeln 15 Min. kochen lassen. Herausheben und kalt abschrecken, abtropfen lassen.

Die Semmelbrösel mit der Sahne verrühren und 5 Min. quellen lassen. Die Sellerieblättchen fein hacken. Die eingeweichten Brösel mit dem Hackfleisch, Eigelb und Selleriegrün vermischen, kräftig mit Salz und Pfeffer abschmecken. Den Backofen auf 220° vorheizen.

Zwiebeln in Längsrichtung vorsichtig bis zur Mitte einschneiden. Jede Schicht einzeln lösen, die größeren Schalen mit jeweils 1 EL Hackmasse füllen, zusammenrollen und dicht nebeneinander in eine flache, feuerfeste Form setzen. Die restlichen Zwiebelstücke hacken und darum herum verteilen. Die Butter zerlassen, darüber träufeln.

Im Ofen (Mitte, Umluft 200°) 30 Min. backen, dabei immer wieder mit der Brühe beträufeln.

Dazu paßt ein fruchtiger Weißwein, z. B. ein Silvaner, oder ein Bordeaux Rosé.

Auflauf mit Schweinefleisch und grünen Nudeln

Zutaten für 4 Personen:

250 g schmale grüne Bandnudeln
Salz
1 Bund Frühlingszwiebeln
500 g Schweineschnitzel
2 EL Öl
Pfeffer
3 Eier
200 g Sahne
150 g frisch geriebener Comté oder Bergkäse
Fett für die Form

Zubereitungszeit: 25 Min. (+ 25 Min. Backzeit)
Pro Portion etwa:
3425 kJ / 820 kcal
45 g EW / 49 g F / 49 g KH

Schnell

Die Nudeln in reichlich Salzwasser bißfest kochen, abgießen und gut abtropfen lassen.

Inzwischen die Frühlingszwiebeln putzen, waschen und in schmale Ringe schneiden. Die Schweineschnitzel in fingerdicke Streifen schneiden. Den Backofen auf 200° vorheizen.

Das Öl in einer Pfanne erhitzen und die Fleischstreifen darin portionsweise rundherum 5 Min. kräftig anbraten, salzen, pfeffern und beiseite stellen. Die Frühlingszwiebeln im verbliebenen Bratfett andünsten.

In einer großen Schüssel die Eier mit der Sahne und der Hälfte des geriebenen Käses verquirlen, mit Salz und Pfeffer würzen. Die Nudeln, die Fleischstreifen und die Frühlingszwiebeln untermischen und mit Salz und Pfeffer würzen.

Eine Auflaufform fetten und die Mischung hineinfüllen. Den restlichen Käse darüber streuen. Den Auflauf im Ofen (Mitte, Umluft 180°) 25 Min. überbacken.

Dazu paßt ein leichter Rotwein, z. B. ein Beaujolais.

Zutaten für 4 Personen:
250 g Schleifchennudeln
Salz
450 g Spinat, frisch oder tiefgekühlt
1 kleine Zwiebel
2 Knoblauchzehen
1 EL Butter
Pfeffer
frisch geriebene Muskatnuß
500 g Geflügelleber
1 EL Öl
1 TL Oregano
200 g Kräuterfrischkäse
200 g Sahne
1 Ei
Fett für Form

Zubereitungszeit: 40 Min. (+ 25 Min. Backzeit)
Pro Portion etwa: 3070 kJ / 735 kcal
41g EW / 36 g F / 59 g KH

Preiswert

Nudelauflauf mit Geflügelleber und Spinat

Die Schleifchennudeln in kochendem Salzwasser bißfest garen, eiskalt abschrecken und gut abtropfen lassen.

Frischen Spinat verlesen und waschen, tiefgekühlten antauen lassen. Die Zwiebel und den Knoblauch schälen, die Zwiebel fein hacken.

Die Butter in einem Topf erhitzen und die Zwiebel darin glasig dünsten, Knoblauch dazupressen, kurz mitdünsten. Den Spinat tropfnaß hineingeben und zusammenfallen lassen. Mit Salz, Pfeffer und Muskat würzen. Den Spinat herausnehmen, sehr gut ausdrücken und grob hacken. Mit den Nudeln in einer Schüssel mischen.

Die Geflügelleber putzen und grob schneiden. Das Öl in einer Pfanne erhitzen, die Lebern kurz darin anbraten. Mit Salz, Pfeffer und Oregano würzen und zu den Nudeln in die Schüssel geben. Alles mischen und mit Salz und Pfeffer abschmecken.

Den Backofen auf 200° vorheizen. Eine Auflaufform fetten und die Nudelmischung hineinfüllen. Den Kräuterfrischkäse mit der Sahne und dem Ei glattrühren, mit Salz und Pfeffer würzen und darüber gießen. Den Auflauf im Ofen (Mitte, Umluft 180°) 25 Min. überbacken.

Dazu paßt gemischter Blattsalat.

Dazu paßt ein Rotwein oder Rosé, z. B. aus der Provence.

Zutaten für 4 – 6 Personen:

500 g Putenschnitzel
3 EL Öl
Salz
Pfeffer
1 kleine Zwiebel
1 kg Mangold
2 Knoblauchzehen
250 g Kräuterquark
150 g Crème fraîche
frisch geriebene Muskatnuß
Cayennepfeffer
2 EL Butter
2 gehäufte EL Mehl
1/2 l Milch
1 EL Zitronensaft
250 g grüne Lasagne-Blätter (ohne Vorkochen)
100 g frisch geriebener Parmesan
Fett für die Form

Zubereitungszeit: 50 Min. (+ 40 Min. Backzeit)
Bei 6 Personen pro Portion etwa: 2390 kJ / 570 kcal
25 g EW / 31 g F / 47 g KH

Läßt sich gut vorbereiten

Grüne Putenlasagne

Die Putenschnitzel kalt abspülen, trockentupfen und in Streifen schneiden. 2 EL Öl in einer Pfanne erhitzen und die Putenstreifen portionsweise in 4 – 5 Min. rundherum kräftig anbraten. Salzen, pfeffern, herausnehmen und beiseite stellen.

Die Zwiebel schälen und fein hacken. Mangold waschen und putzen. Die Blätter abtrennen und grob hacken, die Stiele quer in schmale Streifen schneiden.

Restliches Öl erhitzen, Zwiebel darin glasig dünsten. Mangoldstengel 10 Min. bei schwacher Hitze mitdünsten. Blätter dazugeben, zusammenfallen lassen. Den Knoblauch schälen und dazupressen. In eine Schüssel füllen.

Den Kräuterquark und die Crème fraîche mit den Putenstreifen unter den Mangold mischen. Mit Salz, Pfeffer, Muskat und Cayennepfeffer würzen. Den Backofen auf 200° vorheizen. Eine Auflaufform fetten.

Für die Sauce die Butter in einem Topf schmelzen lassen, das Mehl darin anschwitzen. Mit der Milch aufgießen und bei mittlerer Hitze unter Rühren 10 Min. köcheln lassen. Mit Salz, Pfeffer, Muskat, Cayennepfeffer und Zitronensaft würzen.

Den Boden der Form mit etwas Béchamelsauce ausgießen. Dann abwechselnd die Lasagne-Blätter mit der Mangoldmasse einschichten. Auf jede Schicht etwas Sauce verteilen und mit Parmesan bestreuen. Die letzte Schicht soll aus Nudeln und Sauce bestehen. Den restlichen Parmesan darauf streuen und die Lasagne im Ofen (Mitte, Umluft 180°) 40 Min. backen.

Dazu paßt ein leichter Weißwein, z. B. ein Soave.

Zutaten für 4–6 Personen:

- 1 säuerlicher Apfel
- 1 Dose Sauerkraut (550 g Inhalt)
- 1/4 l Fleischbrühe (Instant)
- 1 Lorbeerblatt
- 4 Wacholderbeeren
- 6 in der Schale gegarte Kartoffeln · 2 Zwiebeln
- 200 g durchwachsener Räucherspeck in Scheiben
- 2–3 EL Schweine- oder Butterschmalz
- Salz · schwarzer Pfeffer
- je 1/2 TL getrockneter Majoran und Kümmelsamen
- je 2 frische Blut- und Leberwürste
- 200 g Joghurt
- 200 g saure Sahne
- 1 EL Paprika, edelsüß
- Butter für die Form

Zubereitungszeit: 1 1/4 Std. (+ 35 Min. Backzeit)
Bei 6 Personen pro Portion etwa: 2955 kJ / 705 kcal
29 g EW / 54 g F / 27 g KH

Gelingt leicht

Thüringer Wurstgratin

Den Apfel schälen, entkernen und in kleine Stücke schneiden. Das Sauerkraut mit Apfelstückchen, Brühe, Lorbeerblatt und Wacholderbeeren erhitzen und bei mittlerer Hitze zugedeckt 35–40 Min. garen.

Die Kartoffeln pellen und in Scheiben schneiden. Die Zwiebeln schälen und würfeln. Vom Speck 3–4 Scheiben ebenfalls in kleine Würfel schneiden. Speckwürfel und Zwiebeln im Schmalz anbraten. Die Kartoffeln hinzufügen und alles goldgelb braten. Mit Salz, Pfeffer, Majoran und Kümmel kräftig würzen.

Den Backofen auf 200° vorheizen. Eine große feuerfeste Form fetten, die Kartoffeln hineingeben. Die Würste aus den Häuten lösen, längs aufschneiden und auf den Kartoffeln verteilen. Das Sauerkraut über der Wurst verteilen. Joghurt, Sahne und Paprika vermischen, salzen, pfeffern. Über dem Sauerkraut verstreichen und mit den restlichen Speckscheiben abdecken. Im Ofen (Mitte, Umluft 180°) 35 Min. backen.

Deftiges Sauerkrautgratin

Die Kartoffeln schälen, waschen und in grobe Stücke schneiden. Knapp mit Salzwasser bedecken und zugedeckt bei mittlerer Hitze in 20 Min. garen. Abgießen und fein zerstampfen. Milch erwärmen, mit 20 g Butter kräftig unterrühren. Mit Muskat abschmecken. Den Meerrettich untermengen.

Inzwischen die Zwiebeln schälen, in Scheiben schneiden und im Butterschmalz andünsten. Das Kasseler in mundgerechte Stücke schneiden. Den Backofen auf 200° vorheizen. Eine große feuerfeste Form mit der restlichen Butter fetten, den Boden mit einem Teil vom Sauerkraut bedecken. Darauf Kasseler und Zwiebeln verteilen. Mit dem Kartoffelpüree bestreichen.

Die Würste in Scheiben schneiden, einschichten und mit dem restlichen Sauerkraut bedecken. Die Crème fraîche darauf verstreichen und kräftig mit Pfeffer würzen. Das Gratin mit Alufolie verschließen und im Ofen (Mitte, Umluft 180°) 20 Min. backen. Danach die Folie entfernen und das Gratin weitere 15 Min. überbacken.

Zutaten für 4 Personen:

- 800 g mehligkochende Kartoffeln · Salz
- 150 ml Milch · 30 g Butter
- frisch geriebene Muskatnuß
- 80 g geriebener Meerrettich (aus dem Glas) · 3 Zwiebeln
- 1 EL Butterschmalz
- 350 g gekochtes Kasseler
- 1 Dose tafelfertiges Sauerkraut (550 g Inhalt) · 4 Debreziner
- 200 g Crème fraîche
- schwarzer Pfeffer

Zubereitungszeit: 35 Min. (+ 35 Min. Backzeit)
Pro Portion etwa: 2765 kJ / 660 kcal
24 g EW / 45 g F / 41 g KH

Preiswert

Schinken-Möhren-Auflauf

Zutaten für 4 Personen:

750 g Möhren
500 g vorwiegend festkochende Kartoffeln
Salz
je 3 Prisen Kümmel- und Korianderpulver
40 g Butter
30 g Mehl
1/4 l Milch
frisch geriebene Muskatnuß
weißer Pfeffer
2–3 Prisen Streuwürze
150 g Greyerzer
1 Bund gemischte Kräuter (Petersilie, Schnittlauch, Basilikum, Dill, Kerbel)
200 g gekochter Schinken im Stück
Butter für die Form

Zubereitungszeit: 50 Min. (+ 35 Min. Backzeit)
Pro Portion etwa:
2245 kJ / 540 kcal
26 g EW / 29 g F / 43 g KH

Gelingt leicht

Die Möhren und Kartoffeln schälen und waschen. Möhren in Scheiben, Kartoffeln in kleine Würfel schneiden. Alles in einen flachen Topf geben und knapp mit Wasser bedecken. Mit Salz, Kümmel- und Korianderpulver würzen und zugedeckt bei mittlerer Hitze 15 Min. garen. Danach das Gemüsewasser in ein Gefäß abgießen.

Die Butter in einem Topf schmelzen lassen, das Mehl darin anschwitzen. Die Milch und soviel vom Gemüsewasser einrühren, daß eine sämige Sauce entsteht. Einige Min. köcheln lassen und mit Muskat, Pfeffer und Streuwürze abschmecken.

Den Käse reiben, die Kräuter waschen und die Blättchen fein hacken. Den Schinken in Würfel schneiden. Den Backofen auf 200° vorheizen. Eine Auflaufform mit Butter fetten.

Die Sauce vom Herd nehmen, den Käse und die Kräuter daruntermischen. Die Möhren, Kartoffeln und Schinkenwürfel in der Form verteilen. Mit der Käse-Kräuter-Sauce begießen und im Ofen (Mitte, Umluft 180°) 35 Min. backen.

Dazu schmeckt grüner Blattsalat.

Reis mit Kaninchen und Eierkruste

Zutaten für 4–6 Personen:

150 g Kichererbsen
1 1/4 l Hühnerbrühe
1 Lorbeerblatt
3 Gewürznelken
750 g Kaninchenteile mit Knochen
4 EL Olivenöl
125 g durchwachsener Räucherspeck
2 ganze Knoblauchknollen
1 Bund Petersilie
je 125 g harte Blutwurst, spanische Chorizo und grobe Bratwurst
300 g Avorio-Reis
1 Döschen Safranfäden
Salz
schwarzer Pfeffer
4 Eier
4–5 EL trockener Weißwein
Petersilienblättchen zum Garnieren

Zubereitungszeit: 2 Std. (+ Quellzeit über Nacht + 15–20 Min. Backzeit)
Bei 6 Personen pro Portion etwa: 3835 kJ / 920 kcal
50 g EW / 48 g F / 67 g KH

Braucht etwas Zeit

Dazu paßt ein frischer, fruchtiger Weißwein, z. B. aus Spanien oder Portugal.

Die Kichererbsen in kaltem Wasser über Nacht einweichen. Am nächsten Tag die Kichererbsen abgießen. In der Hühnerbrühe mit dem Lorbeerblatt und den Gewürznelken aufkochen lassen, zugedeckt bei schwacher Hitze 1 1/2 Std. garen, bis die Kichererbsen weich sind.

Inzwischen die Kaninchenteile waschen, trocknen und in Stücke zerteilen. In einer Pfanne das Olivenöl erhitzen und die Fleischstücke darin bei mittlerer Hitze in 12–15 Min. rundherum anbraten. Den Speck würfeln. Von den Knoblauchknollen nur die äußerste Schale entfernen. Petersilie waschen, Blättchen hacken.

Das angebratene Fleisch herausheben und in eine große, mittelhohe Auflaufform setzen.

Im Bratöl die Würste rundherum anbraten, herausheben und in dicke Scheiben schneiden. Zum Kaninchen legen. Die Speckwürfel mit dem Reis und den unzerteilten Knoblauchknollen im Bratöl 5 Min. andünsten, den Knoblauch herausheben und zur Seite stellen. Petersilie und Safranfäden einrühren, kurz andünsten. Die Kichererbsen abgießen, die Brühe auffangen. So viel Brühe zum Reis gießen, daß er gerade davon bedeckt ist. 15 Min. bei mittlerer Hitze offen garen.

Backofen auf 220° (Umluft 200°) vorheizen. Reis und Kichererbsen in die Auflaufform füllen, alles mit Salz und Pfeffer würzen und vorsichtig vermischen. Die Form etwas rütteln und die Knoblauchknollen in die Mitte stecken.

Die Eier mit etwas Salz und dem Weißwein in einer Schüssel über dem heißen Wasserbad schön schaumig schlagen. Über den Auflauf gießen. Die Form in den Ofen (Mitte) schieben und den Reis 15–20 Min. backen, bis die Eierkruste schön gebräunt ist. In der Form mit Petersilienblättchen garniert servieren.

Tips: Der Auflauf schmeckt auch ohne Wurst, dann gut 1 kg Kaninchenteile nehmen.

Schneller geht es mit gegarten Kichererbsen aus der Dose. Avorio-Reis ist Risottoreis aus Italien. Wenn Sie keinen bekommen, können Sie anderen Rundkornreis nehmen.

Variante:
Kaninchen mit Zwiebeln und Kartoffeln

Statt Kichererbsen 750 g kleine, vorwiegend festkochende Kartoffeln schälen und in Brühe 30 Min. zugedeckt garen. Die Wurst weglassen, dafür gut 1 kg Kaninchenteile nehmen, dazu statt Reis 500 g kleine Zwiebeln. Die Zwiebeln schälen und mit dem Fleisch anschmoren, dann alles in die Auflaufform schichten, die Knoblauchknollen dazwischen stecken und mit etwas Brühe übergießen. Mit der Eischaumsauce überbacken.

Die Kaninchenteile in noch kleinere Stücke schneiden. Am besten mit der Geflügelschere und einem scharfen Messer.

Safranfäden sollten Sie mit den Fingern zerkrümeln, bevor Sie sie zum Reis geben.

Damit die Eiermasse so fest ist, daß sie nicht gleich absinkt, wird sie über dem heißen Wasserbad schaumig geschlagen.

Zutaten für 4 Personen:

- 2 Zwiebeln
- 5 Knoblauchzehen
- 2 EL Olivenöl
- 750 g mageres Lammfleisch ohne Knochen (Keule oder Schulter)
- je 1 TL Pfeffer-, Piment- und Korianderkörner
- 1 Lorbeerblatt
- Salz
- 100 ml Weißwein
- 350 g Tomaten
- 500 g Vollmilch-Joghurt
- 1 EL Mehl
- 3 Eier
- Pfeffer
- je 1 TL gerebelter Majoran und getrocknete Pfefferminze
- 2 EL Petersilienblättchen
- Fett für die Form

Zubereitungszeit: 1 Std.
(+ 35–40 Min. Backzeit)
Pro Portion etwa:
2530 kJ / 605 kcal
37 g EW / 41 g F / 17 g KH

Für Gäste

Türkisches Lamm mit Joghurtsauce

Zwiebeln und Knoblauchzehen schälen und vierteln. In einem Schmortopf das Olivenöl auf mittlerer Stufe erhitzen. Zwiebel- und Knoblauchstücke darin in 5 Min. hellgelb andünsten.

Das Lammfleisch in große Würfel schneiden und 5 Min. mit anschmoren. Gewürzkörner grob zerstoßen, das Lorbeerblatt zerbröseln, zum Fleisch geben, salzen. Den Wein angießen. Den Topf fest zudecken und das Fleisch bei schwacher Hitze 45 Min. schmoren, ab und zu umrühren und bei Bedarf etwas Wasser angießen.

Stielansätze der Tomaten entfernen. Tomaten kurz überbrühen, häuten, halbieren und entkernen, würfeln. Den Joghurt mit Mehl und Eiern glatt verühren, salzen und pfeffern. Eine mittelhohe Auflaufform fetten. Backofen auf 220° vorheizen.

Fleisch mit Zwiebeln und Knoblauch in die Form füllen, die Tomatenwürfel darüber verteilen, mit Salz, Pfeffer und getrockneten zerbröselten Kräutern würzen. Die Joghurt-Mischung darüber gießen.

Die Form in den Ofen (Mitte, Umluft 200°) schieben und alles 35–40 Min. backen. Wenn die Oberfläche zu sehr bräunt, das Lamm mit Pergamentpapier abdecken. Mit Petersilienblättchen bestreuen und servieren.

Dazu schmecken Fladenbrot und Tomatensalat mit Zwiebeln.

Dazu paßt ein gehaltvoller, fruchtiger Rotwein, z. B. ein türkischer Villa Doluca.

Zutaten für 8–10 Personen:

1,2 kg Lammfleisch ohne Knochen (Rücken oder Keule)
10 Knoblauchzehen
etwa 100 ml Olivenöl
Salz
schwarzer Pfeffer
4 Zwiebeln
400 g Zucchini
Saft und Schale von 1 unbehandelten Zitrone
1 kg vorwiegend festkochende Kartoffeln
500 g Tomaten
je 2–3 Stengel frischer Rosmarin und Thymian (ersatzweise 2 TL getrocknet)
50–100 g Pinienkerne
300 g milder Schafkäse
250 g Sahne
1/8 l Milch

Zubereitungszeit: 1 1/4 Std. (+ 40 Min. Backzeit)
Bei 10 Personen pro Portion etwa: 2360 kJ / 565 kcal
26 g EW / 41 g F / 24 g KH

Für die große Runde

Korsisches Lammgratin

Das Lammfleisch von Haut und Sehnen befreien und in kleine Würfel schneiden. Den Knoblauch schälen. 5 EL Olivenöl in einer großen Pfanne erhitzen, die ganzen Knoblauchzehen darin bei mittlerer Hitze goldgelb braten. Herausheben und zur Seite stellen. In dem aromatisierten Öl das Fleisch portionsweise kräftig anbraten. Mit Salz und Pfeffer würzen.

Die Zwiebeln schälen und in Scheiben schneiden. Die Zucchini waschen, trockentupfen und in Scheiben schneiden. In einer zweiten Pfanne 2 EL Öl erhitzen, die Zwiebeln darin glasig dünsten. Zwiebeln aus der Pfanne nehmen, noch etwas Öl nachgießen und die Zucchini darin bei mittlerer bis starker Hitze portionsweise anbraten. Mit Salz, Pfeffer und etwas Zitronensaft würzen.

Die Kartoffeln schälen, waschen und in dünne Scheiben schneiden oder hobeln. Tomaten abspülen, ohne die Stielansätze ebenfalls in Scheiben schneiden, Kräuter waschen, Rosmarinnadeln hacken, Thymianblättchen abzupfen. Zitronenschale fein schneiden.

Den Backofen auf 200° vorheizen. Die Saftpfanne oder ein großes Backblech mit dem restlichen Olivenöl ausstreichen. Die Kartoffelscheiben einschichten. Mit Salz und Pfeffer würzen. Lammfleisch und Zwiebeln darauf verteilen. Zitronenschale und restlichen -saft, etwas Rosmarin und Thymian darübergeben. Zucchini- und Tomatenscheiben darauf verteilen. Knoblauchzehen und Pinienkerne dazwischen streuen. Alles mit Pfeffer und den restlichen Kräutern würzen.

Den Schafkäse mit einer Gabel zerdrücken, mit der Sahne und Milch verquirlen, über das Gratin gießen. Alles im Ofen (Mitte, Umluft 180°) 40 Min. backen.

Dazu schmeckt frisches Baguette.

Dazu paßt ein kräftiger Rotwein, z. B. aus Korsika, ein Bordeaux oder ein Beaujolais.

Zutaten für 4–6 Personen:

200 g grober Maisgrieß
80 g frisch geriebener Parmesan
frisch geriebene Muskatnuß
50 g Butter
200 g Doppelrahm-Frischkäse
1 große Gemüsezwiebel
500 g Kürbis (geputzt gewogen)
1 gelbe Paprikaschote
1 Apfel · 6 EL Olivenöl
2 EL körniger Senf
100 g Schafkäse
1 walnußgroßes Stück Ingwer
5 Knoblauchzehen
Salz · schwarzer Pfeffer
1 TL Thymianblättchen
je 1 TL Korianderpulver, Paprika, edelsüß und Curry
1 vollreife Banane
400 g Rinderhackfleisch · 4 Eier
Butter und Maisgrieß für die Form
Butterflöckchen und 2–3 EL Kürbiskerne zum Belegen

Zubereitungszeit: 40 Min. (+ 50 Min. Backzeit)
Bei 6 Personen pro Portion etwa: 3225 kJ / 770 kcal
31 g EW / 51 g F / 47 g KH

Für Gäste

Polenta-Kürbis-Auflauf

Den Grieß mit der Hälfte des Parmesans, Muskat, Butter und 400 ml Wasser erhitzen, unter Rühren 1 Min. kochen lassen, bis die Masse sich vom Topfboden löst. Vom Herd nehmen, mit dem Frischkäse glattrühren.

Die Zwiebel schälen und würfeln. Das Kürbisfruchtfleisch grob raspeln. Die Paprikaschote waschen, halbieren, putzen und würfeln. Apfel schälen und rings um das Kernhaus grob in die Gemüsemischung raspeln. Öl erhitzen, Zwiebel darin glasig dünsten. Gemüse und Apfel unter häufigem Wenden 3–4 Min. mitdünsten. Den Senf darunterrühren, das Gemüse lauwarm abkühlen lassen.

Den Käse mit der Gabel fein zerdrücken, den Ingwer schälen und fein reiben. Die Knoblauchzehen schälen und durch die Presse drücken. Etwa 2 TL Salz, Pfeffer, den Thymian, Koriander, Paprika und Curry mit dem Schafkäse, dem restlichen Parmesan, dem Ingwer und dem Knoblauch mischen, gut unter die Gemüsemischung rühren.

Eine feuerfeste Form von mindestens 6 cm Höhe fetten und mit Grieß ausstreuen. Den Backofen auf 190° vorheizen.

Die Banane mit der Gabel zerdrücken. Das Hackfleisch, ein Drittel des Gemüses und 2 Eier gründlich untermischen. Die restliche Gemüsemischung mit den übrigen Eiern unter den Maisbrei mischen. Die Hälfte davon in der Form glattstreichen, die Hackfleischmischung darüber verteilen, die restliche Gemüsemasse darüber glattstreichen, mit Butter belegen und mit Kürbiskernen bestreuen.

Den Auflauf im Ofen (unten, Umluft 170°) 25 Min. backen, dann weitere 25 Min. bei 200° (Umluft 180°) goldbraun backen.

Dazu paßt ein kräftiger Rotwein, z. B. ein Bordeaux oder ein Merlot.

Kalbfleisch-Dinkel-Auflauf

Zutaten für 4 Personen:
500 g Fleischtomaten
Salz
250 g Schalotten
5 Salbeiblätter (ersatzweise 1 TL getrocknet)
4 EL Olivenöl
500 g Kalbsgulasch (vom Hals)
weißer Pfeffer
150 mittelgrober Dinkelschrot, möglichst frisch gemahlen (ersatzweise Perldinkel)
200 ml trockener Weißwein (ersatzweise Wasser)
1 EL Zitronensaft
1 TL frisch gehacktes Basilikum
1 Prise Cayennepfeffer
1 TL eingelegte grüne Pfefferkörner
200 g Sahne
40 g frisch geriebener Parmesan
1 Gemüsegurke oder 1/2 Salatgurke (etwa 200 g)
2 EL Schnittlauchröllchen
Butter für die Form
etwa 3 EL Dinkelschrot und Butterflöckchen zum Bestreuen

Zubereitungszeit: 40 Min. (+ 1 Std. Backzeit)
Pro Portion etwa: 2645 kJ / 630 kcal
40 g EW / 36 g F / 44 g KH

Läßt sich gut vorbereiten

Stielansätze der Tomaten entfernen. Tomaten kurz überbrühen, häuten und achteln. In einer Schüssel mit 1/2 TL Salz vermischt stehenlassen. Backofen auf 200° vorheizen.

Die Schalotten schälen und längs halbieren oder vierteln. Salbei waschen, trockentupfen, fein schneiden. Schalotten und Salbei bei mittlerer Hitze im Öl unter ständigem Wenden andünsten, dann herausnehmen. Das Fleisch in der Pfanne bei starker Hitze in 3–4 Min. rundherum anbraten, dabei leicht salzen und pfeffern, herausheben. Zuletzt den Schrot in der Pfanne unter ständigem Wenden kurz anrösten, mit dem Wein ablöschen. Den Topf vom Herd nehmen, den Zitronensaft, das Basilikum, den Cayennepfeffer, den grünen Pfeffer, zuletzt die Sahne und den Parmesan darunterrühren. Alles salzen. Eine tiefe feuerfeste Form fetten.

Die Gurke ganz oder teilweise schälen, grob würfeln und mit den Tomaten, dem Fleisch und den Schalotten unter die Dinkelmasse mischen. In der Form glattstreichen. Mit Dinkelschrot bestreuen und mit Butterflöckchen belegen.

Den Auflauf im Ofen (unten, Umluft 180°) 30 Min. backen, dann in weiteren 30 Min. bei 190° (Umluft 170°) goldbraun werden lassen. Mit dem Schnittlauch bestreut servieren.

Der Tip vom Profi !

Nicht nur, daß Hülsenfrüchte je nach Alter unterschiedlich lange Garzeiten haben (zwischendurch probieren), sie sind auch empfindlich, was die Wasserqualität betrifft. Am liebsten mögen Kichererbsen & Co. weiches Wasser. In Gebieten mit hartem, d. h. kalkreichem Wasser, geben Sie das Wasser zum Enthärten durch einen speziellen Filter oder aber Sie kochen es ab und gießen es nach dem Erkalten durch eine Kaffeefiltertüte. Und: möglichst nicht verschieden alte Bohnen oder Linsen miteinander mischen.

Zutaten für 4 Personen:

200 g Kichererbsen
2 EL Quinoa (etwa 20 g)
1 Bund junge Möhren
1 Bund Frühlingszwiebeln
250 g gemischtes Hackfleisch
1 EL Vollkornsemmelbrösel
3 Eier · Salz · 2 TL Senf
je 1 TL Curry und Paprika, edelsüß
1 TL gehacktes Basilikum
2 EL Butterschmalz
1 TL brauner Zucker
100 g Sahne · 200 g saure Sahne
1 TL Kümmelsamen
schwarzer Pfeffer
1 EL frisch gehackte Petersilie
100 g Harzer Käse
Butter für die Form
2 EL Vollkornsemmelbrösel und Butterflöckchen zum Bestreuen und Belegen

Zubereitungszeit: 1 Std. (+ 10 Std. Quellzeit + 25 Min. Backzeit)
Pro Portion etwa:
3110 kJ / 745 kcal
22 g EW / 38 g F / 91 g KH

Braucht etwas Zeit

Kichererbsen mit Fleischbällchen

Die Kichererbsen 10 Std. in 3/4 l Wasser zugedeckt quellen lassen. Dann im Quellwasser mit dem Quinoa in 30 – 60 Min. zugedeckt bei schwacher Hitze weich kochen.

Inzwischen eine große flache Auflaufform fetten. Die Möhren waschen, putzen und je nach Größe längs halbieren oder vierteln. Die Frühlingszwiebeln waschen, putzen, 1 davon sehr fein schneiden, die restlichen quer in etwa 2 cm lange Stücke schneiden.

Hackfleisch mit den Bröseln, fein geschnittener Frühlingszwiebel, 1 Ei, 1 TL Salz, 1 TL Senf, Curry, Paprika und Basilikum gründlich mischen. Etwa 15 Kugeln daraus formen und im Butterschmalz bei mittlerer bis starker Hitze in knapp 5 Min. rundherum knusprig goldbraun braten. Mit einem Schaumlöffel herausnehmen und beiseite stellen. Frühlingszwiebeln im verbliebenen Fett unter Wenden 1 Min. braten, in die Form geben. Restliches Butterschmalz in die Pfanne geben, die Möhren darin unter Wenden 1 Min. braten. Zucker darüber streuen, 2 EL Wasser hinzufügen, die Möhren 2 – 3 Min. dünsten, bis sie glänzen (glasiert sind), in die Form geben.

Kichererbsen abtropfen lassen, Flüssigkeit auffangen. 100 ml davon mit der süßen und der sauren Sahne, Salz, Kümmel, dem restlichen Senf, Pfeffer, den restlichen Eiern und der Petersilie verquirlen. Käse würfeln und daruntermischen. Den Backofen auf 200° vorheizen.

Kichererbsen mit Gemüse in der Form mischen. Die Sahnemischung darüber verteilen. Mit Bröseln bestreuen. Die Fleischbällchen darüber verteilen. Dazwischen Butterflöckchen verteilen. Den Auflauf im Ofen (unten, Umluft 180°) in 25 Min. goldbraun backen.

Zutaten für 4 Personen:

Salz
250 g Polenta (Maisgrieß)
750 g reife Tomaten
1 kg Kaninchenteile
1 Zwiebel
150 g Champignons
2 EL Olivenöl
1 TL Rosmarinnadeln (frisch oder getrocknet)
schwarzer Pfeffer
100 g frisch geriebener Greyerzer
Fett für die Form

Zubereitungszeit: 45 Min. (+ 45 Min. Backzeit)
Pro Portion etwa: 3185 kJ / 760 kcal
60 g EW / 30 g F / 61 g KH

Für Gäste

Tessiner Polentagratin

In einem hohen Topf 1 l Salzwasser aufkochen lassen. Die Polenta einrieseln lassen und bei schwacher Hitze unter Rühren in 30 Min. ausquellen lassen.

Stielansätze der Tomaten entfernen. Tomaten kurz überbrühen, häuten, halbieren und entkernen. Das Kaninchenfleisch von den Knochen lösen, das Fleisch in Scheiben schneiden. Zwiebel schälen und in Streifen schneiden. Champignons mit Küchenpapier säubern, Stielenden abschneiden, die Köpfe in feine Blättchen schneiden.

In einer Pfanne das Olivenöl auf starker Stufe erhitzen. Das Kaninchenfleisch kurz und scharf im Öl 3 Min. anbraten, aus der Pfanne heben. Im verbliebenen Öl bei mittlerer Hitze die Zwiebelstreifen und Champignons 5 Min. anbraten, mit Rosmarin würzen. Zum Fleisch geben, salzen und pfeffern.

Backofen auf 180° vorheizen. Eine möglichst rechteckige, mittelhohe Auflaufform fetten.

Die Hälfte der Polenta einfüllen und glattstreichen. Kaninchenmischung darübergeben, mit den Tomatenhälften belegen. Die restliche Polentamasse darüber glattstreichen und mit Käse bestreuen.

Das Gratin im Ofen (Mitte, Umluft 170°) 45 Min. backen. Falls die Käsekruste zu sehr bräunt, gegen Ende der Garzeit mit Pergamentpapier oder Alufolie abdecken.

Tip: Schneller geht es mit vorgegarter (5-Minuten-)Polenta, davon genügen 200 g. Polenta schmeckt noch besser, wenn sie in halb Milch, halb Wasser gekocht wird.

Dazu paßt ein kräftiger, kerniger Rotwein aus Italien, z. B. ein Merlot.

MIT FISCH UND CO.

Zutaten für 8 Personen:

400 g Lachsfilet
1 Bund Dill
1 EL Zitronensaft
Salz · weißer Pfeffer
400 g Gemüsegurken oder 1 Salatgurke
4 Frühlingszwiebeln
100 ml Milch
2 Eier
1 vorwiegend festkochende Kartoffel (etwa 100 g)
100 g Crème fraîche
1 TL scharfer Senf
Butter und Semmelbrösel für die Form
Butterflöckchen zum Belegen

Zubereitungszeit: 20 Min. (+ 25 Min. Backzeit)
Pro Portion etwa:
660 kJ / 160 kcal
13 g EW / 9 g F / 6 g KH

Schnell

Kleine Lachsgratins

Den Fisch in etwa 1 cm dicke Scheiben schneiden, dabei entgräten. Etwa 2 EL Dill fein schneiden, die Hälfte davon mit dem Fisch, dem Zitronensaft, Salz und Pfeffer mischen.

Acht Förmchen von je etwa 150 ml Inhalt fetten und mit Bröseln ausstreuen. Gurken schälen, würfeln. Frühlingszwiebeln waschen, putzen und fein schneiden. Gurkenwürfel mit der Hälfte der Frühlingszwiebeln und dem restlichen feingeschnittenen Dill mischen und in den Förmchen verteilen. Fisch darüber verteilen und mit den restlichen Zwiebeln bestreuen. Den Backofen auf 190° vorheizen.

Die Milch mit den Eiern, Salz und Pfeffer verquirlen. Kartoffel schälen, fein reiben und mit der Crème fraîche und dem Senf unter die Eiermilch rühren. In die Förmchen verteilen. Mit Butter belegen.

Die Gratins im Ofen (oben, Umluft 170°) in 25 Min. goldbraun backen. Mit Dillstengeln garniert servieren.

Zu beiden Gratins paßt ein trockener Weißwein, z. B. ein Burgunder.

Lachsgratin unter Champignonhaube

Die Kartoffeln waschen, in der Schale in Wasser 30 Min. garen.

Schalotten schälen, fein hacken. Champignons putzen und in feine Scheiben schneiden. Schalotten in 1 EL Butter glasig dünsten. Champignons mitdünsten, bis die ausgetretene Flüssigkeit wieder verdampft ist. Petersilie waschen, Blättchen fein hacken. Crème fraîche, Sahne, Salz, Pfeffer, 1 TL Zitronensaft und Petersilie zu den Pilzen geben, bei mittlerer Hitze dicklich einkochen lassen.

Den Backofen auf 200° (Umluft 180°) vorheizen. Kartoffeln schälen und in 1/2 cm dicke Scheiben schneiden. Lachs salzen, pfeffern und mit dem restlichen Zitronensaft beträufeln.

Knoblauch schälen und halbieren. Eine feuerfeste Form damit ausreiben, mit der restlichen Butter fetten. Kartoffeln dachziegelartig einschichten, salzen und pfeffern. Ein Drittel der Pilzsauce darübergeben, Lachs darauf verteilen, mit der restlichen Sauce bedecken und mit Butterflöckchen besetzen.

Das Gratin im Ofen (Mitte) 20 Min. überbacken.

Zutaten für 4 Personen:

800 g möglichst gleich große mehligkochende Kartoffeln
3 Schalotten
500 g Champignons
2 EL Butter
1 Bund Petersilie
150 g Crème fraîche
200 g Sahne · Salz · Pfeffer
3 TL Zitronensaft
4 Lachskoteletts (je etwa 200 g)
1 Knoblauchzehe
Butterflöckchen zum Belegen

Zubereitungszeit: 40 Min. (+ 20 Min. Backzeit)
Pro Portion etwa:
3250 kJ / 780 kcal
52 g EW / 43 g F / 49 g KH

Gelingt leicht

Schollenröllchen auf Kräutersahne

Zutaten für 4 Personen:

1 große Aubergine
Salz
1 mittelgroße Zwiebel
1 große Fleischtomate
6 EL Olivenöl
2 Knoblauchzehen
200 g Sahne
Pfeffer
je 1 EL frischer Thymian und Oregano
1 Töpfchen oder 2 Bund Basilikum
1 EL Tomatenmark
8 Schollenfilets
2 EL Zitronensaft
Fett für die Form

Zubereitungszeit: 30 Min.
(+ 20 Min. Backzeit)
Pro Portion etwa:
2815 kJ / 675 kcal
65 g EW / 38 g F / 17 g KH

Schnell

Die Aubergine putzen, waschen und der Länge nach in 8 dünne Scheiben schneiden. Die Scheiben auf eine Platte legen, salzen und 20 Min. ziehen lassen.

Inzwischen die Zwiebel schälen und fein hacken. Stielansatz der Tomate entfernen. Tomate kurz überbrühen, häuten und fein hacken. Zwiebel in 1 EL Olivenöl weich dünsten. Den Knoblauch schälen, 1 Zehe dazupressen. Tomate dazugeben, Sahne unterrühren, mit Salz und Pfeffer würzen, Oregano und Thymian dazugeben. Das Basilikum waschen, abzupfen, die Hälfte hacken und unterrühren.

Die Auberginenscheiben kalt waschen, trockentupfen und in 4 EL Olivenöl von beiden Seiten braten. Mit Salz und Pfeffer würzen. Eine feuerfeste Form fetten. Den Backofen auf 200° (Umluft 180°) vorheizen.

Den restlichen Knoblauch in eine Schüssel pressen und mit dem Tomatenmark und dem übrigen Olivenöl verrühren.

Die Schollenfilets kalt waschen, trockentupfen, mit Zitronensaft beträufeln, salzen und pfeffern. Je 1 Schollenfilet auf 1 Auberginenscheibe legen, mit den restlichen Basilikumblättchen belegen, gleichmäßig mit der Knoblauchpaste bestreichen. Aufrollen und nebeneinander in die Form legen.

Die Sauce über die Schollenröllchen gießen, Fisch im Ofen (Mitte) 20 Min. gratinieren.

Muscheln mit Risotto überbacken

Zutaten für 4 Personen:

2 kg möglichst große Miesmuscheln
1 Bund Basilikum
2 kleine Zwiebeln
3 Knoblauchzehen
Salz · schwarzer Pfeffer
3 EL Olivenöl
150 g Avorio- oder anderer Risotto-Reis
1/4 TL Fenchelsamen
350 ml kräftige Hühnerbrühe
75 g frisch geriebener Hartkäse (Parmesan, Greyerzer oder alter Gouda)
Basilikumblättchen zum Garnieren
Fett für die Form

Zubereitungszeit: 50 Min. (+ 10 Min. Backzeit)
Pro Portion etwa: 2345 kJ / 560 kcal
42 g EW / 23 g F / 45 g KH

Für Gäste

Dazu paßt ein trockener Weißwein, z. B. ein italienischer Soave oder ein Sauvignon blanc aus Chile.

Die Muscheln waschen, Bartreste entfernen, geöffnete Muscheln wegwerfen. Basilikum waschen, die Blättchen abzupfen, die Stiele hacken. Zwiebeln schälen, 1 in Scheiben schneiden, die andere fein würfeln. Knoblauch schälen und grob hacken.

In einem großen Topf gut 1/4 l Wasser mit den Zwiebelscheiben und Basilikumstielen aufkochen lassen, die Muscheln hineingeben, salzen und pfeffern, bei starker Hitze zugedeckt 7 Min. kochen lassen, dabei ab und zu den Topf rütteln.

Muscheln herausheben, ungeöffnete wegwerfen. Von den anderen die obere Schalenhälfte abbrechen, die Schalen mit dem Muschelfleisch auf einer ofenfesten gefetteten Platte auslegen. Den Kochsud vorsichtig vom sandigen Bodensatz abgießen, zur Seite stellen.

In einer Kasserolle das Öl auf mittlerer Stufe erhitzen, Zwiebelwürfel und Knoblauch darin 3 Min. glasig dünsten, Reis und Fenchelsamen einstreuen und 2 Min. mitbraten. Einen Schuß Brühe angießen und den Reis unter häufigem Rühren 20 Min. garen, dabei nach und nach die restliche Brühe dazugeben. Ist die Brühe aufgebraucht, den Muschelsud angießen.

Den Backofen auf 220° (Umluft 200°) vorheizen. Die Basilikumblättchen fein hacken. Den Reis mit Salz und Pfeffer abschmecken, die Hälfte vom Käse und das gehackte Basilikum untermischen. Den Reis in die Muscheln verteilen, mit dem restlichen Käse bestreuen.

Muscheln im Ofen (oben) 10 Min. überbacken, bis der Käse leicht bräunt. Die Muscheln auf einer Platte anrichten, mit Basilikumblättchen garniert servieren.

Variante:
Muscheln mit Mornaysauce überbacken

Die Muscheln wie oben vorbereiten, kochen, die oberen Schalenhälften ablösen und die Schalen mit dem Muschelfleisch auf einer ofenfesten Platte auslegen.

Für die Mornaysauce den Muschelsud (ohne Bodensatz) mit Wasser auf 1/4 l Flüssigkeit ergänzen. In einer Kasserolle 1 EL Butter zerlassen, 1 EL Mehl darin andünsten, Kochsud, 125 g Crème fraîche und 1/8 l Weißwein angießen und 10 Min. bei mittlerer Hitze unter Rühren einkochen. Dann 2 EL Butter und 100 g geriebenen Hartkäse unter die Sauce rühren, mit Salz und Pfeffer würzen und über die Muscheln verteilen. Wie oben überbacken, bis die Käsesauce leicht gebräunt ist.

Auch bei küchenfertig verkauften Muscheln gibt es meist noch Bartreste zu entfernen. Mit einem Messer abziehen.

Von den Muscheln nach dem Garen die leere Schalenhälfte abbrechen und wegwerfen.

Wenn der Reis gar ist, einen Teil vom Käse gründlich unterrühren und schmelzen lassen.

Zutaten für 4 Personen:

- 500 g Schollenfilets
- Salz · weißer Pfeffer
- 3 EL Zitronensaft
- 1/2 Bund Petersilie
- 2 Stengel Estragon
- 2 Stengel Borretsch (nach Möglichkeit mit Blüten)
- 250 g saure Sahne
- 2 EL Semmelbrösel
- 1 EL Butter zum Belegen
- Butter für die Form

Zubereitungszeit: 30 Min. (+ 30 Min. Backzeit)
Pro Portion etwa: 1365 kJ / 325 kcal
29 g EW / 19 g F / 12 g KH

Gelingt leicht

Gratinierte Schollenfilets

Die Schollenfilets kalt abspülen und trockentupfen. Auf beiden Seiten mit Salz, Pfeffer und Zitronensaft würzen.

Kräuter waschen, Blättchen fein hacken (die Borretschblüten zum Garnieren zur Seite legen). Kräuter mit der sauren Sahne mischen. Eine flache feuerfeste Form mit etwas Butter fetten. Den Backofen auf 180° vorheizen.

Die Fischfilets in die Form legen, mit der Kräutersahne begießen, mit Semmelbröseln bestreuen und mit der Butter in Flöckchen belegen. Im Ofen (Mitte, Umluft 160°) 30 Min. backen. Mit den Borretschblüten garniert servieren.

Jakobsmuscheln auf Sahnelauch

Zutaten für 4 Personen:

- 600 g Lauch · Salz
- 100 g Sahne · Pfeffer
- frisch geriebene Muskatnuß
- 1 EL Butter
- 12 Jakobsmuscheln
- 50 g frisch geriebener Parmesan
- Butterflöckchen zum Belegen
- Fett für die Förmchen

Zubereitungszeit: 20 Min. (+ 5 Min. Backzeit)
Pro Portion etwa: 990 kJ / 240 kcal
12 g EW / 16 g F / 11 g KH

Schnell

Den Lauch putzen, waschen und in feine Ringe schneiden. In kochendem Salzwasser blanchieren, abschrecken, abtropfen lassen.

Den Backofen auf 220° (Umluft 200°) vorheizen. Sahne mit dem Lauch mischen, mit Salz, Pfeffer und Muskat würzen. Vier Portionsförmchen von je etwa 1/4 l Inhalt fetten und die Lauchsahne hineinfüllen.

Die Jakobsmuscheln kurz von beiden Seiten in Butter anbraten. Jeweils 3 Jakobsmuscheln in die Mitte der Förmchen setzen. Mit dem Parmesan bestreuen und je 1 Butterflöckchen darauf setzen.

Jakobsmuscheln 5 Min. in den Ofen (oben) stellen, bis die Butter geschmolzen ist.

Das besondere Rezept!

Daß Backofengerichte nicht zwangsläufig viel Zeit für Zubereitung und Backen brauchen, beweist dieses köstliche Fischgratin – die Zutaten sind in 25 Min. fertig geschnitten und vorgegart, und das Gratinieren braucht auch nur 20 Min.! Zudem ist das Gratin preiswert und läßt sich sogar noch wunderbar vorbereiten: Das Paprikagemüse können Sie schon am Vortag garen und nach dem Abkühlen im Kühlschrank aufbewahren.

Zutaten für 4 Personen:

800 g Seelachsfilet
2 EL Zitronensaft
Salz
Pfeffer
je 2 große rote und grüne Paprikaschoten
1 EL Butter
1 Knoblauchzehe
200 ml trockener Weißwein (ersatzweise Fischfond)
Paprika, edelsüß
500 g Fleischtomaten
1 Bund Dill
300 g Crème fraîche
2 EL geriebener Meerrettich (aus dem Glas)
Fett für die Form

Zubereitungszeit: 25 Min. (+ 20 Min. Backzeit)
Pro Portion etwa: 2365 kJ / 565 kcal
38 g EW / 36 g F / 13 g KH

Schnell

Gratinierter Seelachs auf Paprika-Tomaten-Bett

Seelachsfilet kalt abspülen, trockentupfen und in Portionsstücke teilen. Den Fisch auf eine Platte legen, mit Zitronensaft beträufeln, salzen, pfeffern und zugedeckt ziehen lassen.

Die Paprikaschoten waschen, halbieren und putzen. Längs in 1 1/2 cm breite Streifen schneiden. Die Butter in einer Pfanne erhitzen und die Paprikastreifen darin andünsten. Den Knoblauch schälen und dazupressen. Den Weißwein angießen, das Gemüse mit Salz, Pfeffer und Paprikapulver würzen und 10 Min. bei mittlerer Hitze offen köcheln lassen.

Den Backofen auf 200° (Umluft 180°) vorheizen. Stielansätze der Tomaten entfernen. Tomaten kurz überbrühen, häuten und quer in Scheiben schneiden. Eine Auflaufform fetten und die Tomatenscheiben dachziegelartig hineinlegen, leicht salzen und pfeffern.

Den Dill abbrausen, abzupfen und bis auf einige Zweige fein hacken. Die Crème fraîche mit dem Meerrettich in einer Schüssel verrühren und mit Salz und Pfeffer würzen, den gehackten Dill untermischen.

Das Paprikagemüse auf den Tomatenscheiben verteilen, die Fischstücke darauf legen und mit der Crème fraîche übergießen. Im Ofen (Mitte) 20 Min. garen. Mit den restlichen Dillzweigen garnieren und in der Form servieren.

Als Beilage Salzkartoffeln reichen.

Zutaten für 4 Personen:

- 40 g Hirse
- 1 TL Thymianblättchen (ersatzweise getrocknet)
- 150 g geräucherter Heilbutt
- 2 TL Zitronensaft
- schwarzer Pfeffer
- 1 Frühlingszwiebel
- 100 g Erbsen, frisch ausgepalt oder tiefgekühlt
- 2 Eier
- Salz
- 8–12 Kirschtomaten
- Zum Garnieren:
- etwa 50 g Rucola
- 1 EL Olivenöl
- 1 unbehandelte Zitrone
- 1–2 EL schwarze Oliven
- Butter für die Förmchen

Zubereitungszeit: 20 Min. (+ 35 Min. Backzeit)
Pro Portion etwa: 805 kJ / 195 kcal
14 g EW / 9 ,g F / 16 g KH

Schnell

Heilbutt-Erbsen-Auflauf

Die Hirse in 1/4 l Wasser mit dem Thymian 5 Min. köcheln lassen, vom Herd nehmen und zugedeckt 10 Min. quellen und dabei etwas abkühlen lassen.

Inzwischen vier feuerfeste Förmchen von je etwa 200 ml Inhalt fetten. Den Fisch von der Haut und den Gräten befreien, zerpflücken, in einer kleinen Schüssel mit dem Zitronensaft beträufeln und pfeffern. Zugedeckt marinieren lassen.

Die Frühlingszwiebel waschen, putzen, fein schneiden und mit den Erbsen zur Hirse geben. Sobald die Masse lauwarm abgekühlt ist, die Eier und Salz gut unterrühren. Zum Schluß die marinierten Fischstücke vorsichtig untermischen. Den Backofen auf 190° vorheizen.

Die Masse in den Förmchen verteilen. Die Kirschtomaten waschen und auf die Hirsemasse legen. Die Förmchen in den Ofen (unten, Umluft 170°) stellen. Die Aufläufe 35 Min. backen, bis die Masse gestockt und goldbraun ist.

Inzwischen den Rucola waschen, trockenschwenken, im Öl wenden und die Blätter an den Rändern von vier Tellern verteilen. Die Zitrone waschen, längs halbieren, von den Kernen befreien und quer in dünne Scheiben schneiden. Die Zitronenscheiben abwechselnd mit den Oliven auf dem Rucola verteilen. Die Förmchen aus dem Backofen nehmen und je 1 Förmchen in die Tellermitte setzen.

Dazu paßt ein trockener Weißwein oder Rosé.

Gratinierte Paprika mit Thunfischfüllung

Zutaten für 4 Personen:

1 Brötchen vom Vortag
4 mittelgroße rote Paprikaschoten
2 Dosen Thunfisch im eigenen Saft (je 185 g Inhalt)
1 mittelgroße Zwiebel
2 EL Öl
1 kleine Knoblauchzehe
1 Kästchen Kresse
1 Eigelb
Salz
Pfeffer
1 Prise Paprika, mittelscharf
Zitronensaft
125 g Mozzarella
Fett für die Form

Zubereitungszeit: 25 Min.
(+ 20 Min. Backzeit)
Pro Portion etwa:
1370 kJ / 325 kcal
30 g EW / 18 g F / 11 g KH

Schnell

Das Brötchen in kaltem Wasser einweichen. Die Paprikaschoten waschen, längs halbieren, dabei ein Stückchen vom Stiel daranlassen, das Kernhaus aber sorgfältig herauslösen. Die Schotenhälften kalt abspülen und mit der Schnittfläche nach unten auf Küchenpapier abtropfen lassen.

Den Thunfisch abgießen, in eine Schüssel geben und mit einer Gabel zerkleinern. Das Brötchen ausdrücken, zerpflücken und hinzufügen. Den Backofen auf 200° (Umluft 180°) vorheizen.

Die Zwiebel schälen, fein hacken und in 1 EL Öl andünsten. Den Knoblauch schälen und dazupressen. Kurz mitdünsten und mit dem übrigen Öl zum Thunfisch in die Schüssel geben. Die Kresse abbrausen und die Blättchen über der Schüssel abschneiden. Das Eigelb hinzufügen und alles gründlich mischen. Mit Salz, Pfeffer, Paprika und Zitronensaft würzen.

Eine Auflaufform fetten. Die Füllung in die Paprikahälften verteilen, diese nebeneinander in die Form setzen. Den Mozzarella in Scheiben schneiden und die Paprikaschoten damit belegen. Im Ofen (Mitte) 30 Min. gratinieren.

Als Beilage schmeckt Knoblauch-Baguette.

Dazu schmeckt trockener Weißwein oder ein Rosé, z. B. ein Schilcher aus der Steiermark.

Zutaten für 4 Personen:
800 g helles Fischfilet (Seelachs, Seehecht, Goldbarsch)
2 EL Zitronensaft
Salz
350 g Zwiebeln
4 EL Olivenöl
350 g feste reife Tomaten
150 g passierte Tomaten (aus dem Päckchen)
100 ml Weißwein (ersatzweise Brühe)
1 Prise Zucker
schwarzer Pfeffer
4 Knoblauchzehen
1 Bund Petersilie
50 g Semmelbrösel
2 Zitronen zum Garnieren
Fett für die Form

Zubereitungszeit: 40 Min.
(+ 15–20 Min. Backzeit)
Pro Portion etwa:
1880 kJ / 450 kcal
41 g EW / 18 g F / 28 g KH

Preiswert

Fisch auf Spetsae-Art

Das Fischfilet kalt abspülen, trockentupfen und in etwa 5 cm große Stücke schneiden. Mit Zitronensaft beträufeln und salzen.

Die Zwiebeln schälen und in Scheiben schneiden. In einer Pfanne 2 EL Olivenöl erhitzen und die Zwiebeln darin bei schwacher Hitze in 10 Min. glasig dünsten.

Stielansätze der Tomaten entfernen. Tomaten kurz überbrühen, häuten, halbieren und entkernen, in Scheiben schneiden.

Das restliche Öl mit den passierten Tomaten, 100 ml Wasser, Weißwein, Zucker, Salz und Pfeffer verquirlen.

Den Knoblauch schälen und fein hacken. Die Petersilie waschen und die Blättchen hacken. Beides mit den Semmelbröseln vermischen.

Den Backofen auf 200° (Umluft 180°) vorheizen. Eine flache Auflaufform fetten.

Die Fischstücke in die Form legen, mit den gedünsteten Zwiebeln bedecken, etwas salzen und pfeffern, die Hälfte der Tomatensauce darüber gießen. Die Hälfte der Bröselmischung darüber streuen und mit Tomatenscheiben bedecken. Mit den restlichen Bröseln bestreuen und mit der übrigen Sauce begießen.

Fisch in den Ofen (Mitte) schieben und 15–20 Min. backen. Mit Zitronenachteln garnieren und servieren.

Dazu paßt ein trockener, nicht zu säurebetonter Weißwein, z. B. ein Demestica aus Griechenland.

Der Tip vom Profi !

Von Heilbutt gibt es zwei Sorten. Der weiße schmeckt feiner, den schwarzen bekommen Sie für weniger Geld, er ist dafür auch wesentlich fettreicher.

Zutaten für 4–6 Personen:

600 g Heilbuttfilet
Salz
Pfeffer
je 2 Bund Petersilie und Dill
3 Stengel Estragon
4 EL Zitronensaft
4 mittelgroße vorwiegend festkochende Kartoffeln
1 Gemüsezwiebel
2 junge Kohlrabi
300 g Zucchini
3 Fleischtomaten
2 EL Öl
60 g Kapern
1/8 l Fischfond (aus dem Glas)
100 g saure Sahne
1/2 TL Paprika, edelsüß

Zubereitungszeit: 1 Std. (+ 45–50 Min. Backzeit)
Bei 6 Personen pro Portion etwa: 2010 kJ / 480 kcal
44 g EW / 19 g F / 39 g KH

Braucht etwas Zeit

Heilbutt-Gemüse-Gratin

Das Fischfilet kalt abspülen, trockentupfen und in mundgerechte Stücke schneiden. Mit Salz und Pfeffer würzen. Die Kräuter waschen, die Blättchen fein hacken. Ein Drittel der Kräuter und den Zitronensaft mit dem Fisch mischen, abdecken und durchziehen lassen.

Kartoffeln, Zwiebel und Kohlrabi schälen und in dünne Scheiben schneiden. Die Zucchini waschen, von den Enden befreien und ebenfalls in Scheiben schneiden. Stielansätze der Tomaten entfernen. Tomaten kurz überbrühen, häuten und in Scheiben schneiden. Den Backofen auf 200° vorheizen.

Eine Auflaufform mit 1 EL Öl ausstreichen. Abwechselnd eine Schicht Kartoffeln, Zwiebel, Kohlrabi, Zucchini und Fisch einlegen. Jede Lage leicht salzen, pfeffern und mit den übrigen Kräutern und den Kapern bestreuen. So fortfahren, bis alle Zutaten verbraucht sind. Den Fischfond angießen, die Form mit Alufolie verschließen. Gratin im Ofen (Mitte, Umluft 180°) 30 Min. garen.

Die saure Sahne mit dem restlichen Öl und Paprikapulver verrühren. Die Folie entfernen und das Gratin mit der Mischung bestreichen. In 15–20 Min. fertig backen.

Zutaten für 4 Personen:

- 400 g Zuckerschoten
- Salz
- 1/2 Bund Frühlingszwiebeln
- 250 g Möhren
- 3 EL Butter
- Pfeffer
- 8 geräucherte Forellenfilets
- 200 g Sahne
- 100 g frisch geriebener Parmesan

Zubereitungszeit: 30 Min.
(+ 20 Min. Backzeit)
Pro Portion etwa:
2605 kJ / 625 kcal
49 g EW / 40 g F / 16 g KH

Schnell

Räucherfisch-Gemüse-Gratin

Die Zuckerschoten putzen, waschen und in kochendem Salzwasser 1 Min. blanchieren. Eiskalt abschrecken und gut abtropfen lassen. Frühlingszwiebeln putzen, waschen und in feine Ringe schneiden. Möhren schälen und in Scheiben hobeln oder schneiden.

In einer Pfanne 2 EL Butter erhitzen. Die Möhrenscheiben darin 5 Min. andünsten. Die Frühlingszwiebeln weitere 5 Min. mitdünsten. Die Zuckerschoten untermischen, alles mit Salz und Pfeffer würzen.

Den Backofen auf 200° (Umluft 180°) vorheizen. Eine Auflaufform mit der restlichen Butter fetten. Zwei Drittel des Gemüses darin verteilen. Die Forellenfilets nebeneinander darauf legen und mit dem restlichen Gemüse bedecken.

Die Sahne mit dem Käse verrühren, mit Pfeffer würzen und über das Gratin gießen. Im Ofen (Mitte) 20 Min. gratinieren.

Gratin mit Shrimps und Austernpilzen

Tiefgekühlte Shrimps im Kühlschrank auftauen lassen. Shrimps mit dem Zitronensaft beträufeln, salzen und pfeffern.

Von den Austernpilzen, falls nötig, die harten Stellen abschneiden. Die Pilze kurz abbrausen und trockentupfen. Kleine Pilze ganz lassen, größere in Streifen schneiden. Den Backofen auf 180° (Umluft 160°) vorheizen.

Das Haselnußöl in einer breiten Pfanne erhitzen. Die Austernpilze darin 10 Min. bei mittlerer Hitze anbraten, dabei etwas flachdrücken. Knoblauch schälen und dazudrücken. Salzen, pfeffern.

Basilikum waschen. Einige Blättchen beiseite legen, restliche in schmale Streifen schneiden. Crème fraîche mit Tomatenmark und der Hälfte des Parmesans verrühren, mit wenig Salz und Pfeffer abschmecken, Basilikum untermischen.

Eine feuerfeste Form fetten. Erst die Austernpilze, dann die Shrimps darin verteilen. Mit der Crème fraîche übergießen. Gratin im heißen Ofen (Mitte) 20 Min. gratinieren. Mit Basilikumblättchen garniert servieren.

Zutaten für 4 Personen:

- 500 g gegarte und geschälte Shrimps (eventuell tiefgekühlt)
- 5 EL Zitronensaft
- Salz · Pfeffer
- 500 g Austernpilze
- 3 EL Haselnußöl
- 3 Knoblauchzehen
- 1 Bund Basilikum
- 250 g Crème fraîche
- 4 El Tomatenmark
- 80 g frisch geriebener Parmesan
- Fett für die Form

Zubereitungszeit: 25 Min.
(+ 20 Min. Backzeit)
Pro Portion etwa:
2570 kJ / 615 kcal
38 g EW / 45 g F / 15 g KH

Schnell

Sesam-Fisch-Auflauf

Zutaten für 4 Personen:

200 g Langkorn-Naturreis (oder Basmatireis, mit wenig Milchreis gemischt)
200 ml Milch · 200 g saure Sahne
3 Eier · 1 EL Zitronensaft
Salz · 1 EL Curry
5 EL geschälte Sesamsamen (50 g)
200 g Möhren
1 walnußgroßes Stück Ingwer
200 g Staudensellerie
1 Stange Lauch (das Weiße und Hellgrüne davon; etwa 200 g)
2 EL helles Sesamöl (ersatzweise Walnußöl)
500 g Rotbarschfilet in dicken Stücken
1 EL helles Sesamöl und 3 EL geschälte Sesamsamen für die Form
eventuell je 4 Sternanis und Kardamomkapseln zum Belegen

Zubereitungszeit: 30 Min. (+ 50 Min. Backzeit)
Pro Portion etwa: 3190 kJ / 765 kcal
41 g EW / 40 g F / 64 g KH

Preiswert

Den Reis mit 1/2 l Wasser aufkochen, 15 Min. köcheln lassen. Auf der abgeschalteten Kochstelle ausquellen lassen.

Inzwischen eine flache feuerfeste Form mit Öl auspinseln und mit Sesamsamen ausstreuen. Die Milch mit der sauren Sahne, den Eiern, dem Zitronensaft, Salz, Curry und den Sesamsamen gut verquirlen, kühl stellen.

Die Möhren putzen, waschen und grob raspeln. Den Ingwer schälen und fein reiben. Die Selleriestangen waschen und putzen. Den Lauch waschen und putzen, beides quer fein schneiden. Das Öl in einem weiten Topf (oder einem Wok) erhitzen, alle Gemüse darin bei mittlerer Hitze unter häufigem Wenden 3 Min. andünsten. Vom Herd nehmen. Den Backofen auf 190° vorheizen.

Den ausgequollenen Reis mit dem Gemüse mischen, dann die Hälfte der Mischung auf dem Formboden glattstreichen. Den Fisch waschen, trockentupfen, in 4 etwa gleich große Stücke schneiden und auf dem Gemüse verteilen. Den restlichen Gemüsereis darüber glattstreichen.

Die kühl gestellte Milch-Sahne-Mischung gleichmäßig über die Zutaten in der Form gießen. Nach Belieben den Sternanis und die Kardamomkapseln in die Oberfläche stecken. Den Auflauf im Ofen (unten, Umluft 170°) 50 Min. backen, bis die Eimasse gestockt und die Oberfläche goldbraun ist.

Dazu schmecken Blattsalate, zum Beispiel Feld- oder Rucosalat mit Zwiebelringen und Orangenspalten.

Kartoffeln mit Garnelen

Zutaten für 4 Personen:

1 kg vorwiegend festkochende Kartoffeln
Salz
2 Bund Petersilie
2 Zwiebeln
4 Knoblauchzehen
500 g große ungegarte Tiefsee-Garnelen (Krevetten) in der Schale
100 ml Weißwein (ersatzweise Fischfond)
1 Lorbeerblatt
3 Gewürznelken
2 TL Harissa (scharfe tunesische Chilipaste; ersatzweise Tabascosauce)
6 EL Olivenöl
6 Eier
schwarzer Pfeffer
Fett für die Form

Zubereitungszeit: 50 Min. (+ 35–40 Min. Backzeit)
Pro Portion etwa:
2795 kJ / 670 kcal
42 g EW / 31 g F / 55 g KH

Für Gäste

Dazu paßt ein frischer, fülliger Weißwein, z. B. ein Sauvignon.

Die Kartoffeln schälen, vierteln und in Salzwasser zugedeckt in 20–25 Min. weich kochen.

Inzwischen Petersilie waschen, die Blättchen grob hacken. Zwiebeln und Knoblauch schälen und fein würfeln. Die gegarten Kartoffeln abgießen und mit einem Kartoffelstampfer grob zerdrücken (es soll kein Püree geben), Zwiebeln und Knoblauch untermischen.

Die Garnelen kalt abspülen. In einem breiten Topf 1/4 l Salzwasser mit Weißwein, Lorbeerblatt und Nelken bei starker Hitze 5 Min. kochen lassen. Die Garnelen hineingeben, den Topf von der Herdplatte nehmen, die Garnelen zugedeckt 5 Min. ziehen lassen.

Dann die Garnelen herausheben und den Panzer mit einer Schere am Rücken aufschneiden. Panzer auseinanderziehen und das Schwanzfleisch herausnehmen, durch den Rücken halbieren, den dunkleren Darm entfernen. Garnelen kurz abspülen und mit Küchenpapier trocknen. Den Backofen auf 180° vorheizen. Eine feuerfeste Form fetten.

Harissa mit 2 EL Garnelensud und dem Olivenöl verrühren. Die Eier verquirlen. Garnelenhälften mit Kartoffeln, gehackter Petersilie, Harissa und Eiern in der Form mischen, mit Salz und Pfeffer würzen.

Garnelen im Ofen (Mitte, Umluft 160°) 35–40 Min. backen, bis die Oberfläche schön gebräunt ist.

Tip: Schneller geht es mit bereits geschälten Garnelen (dann genügen etwa 350 g).

Variante:
Kartoffelauflauf mit Käse

1 kg mehligkochende Kartoffeln wie oben garen, abgießen und zerstampfen. Mit gehackten Zwiebeln, Knoblauch und Petersilie vermischen. 125 g geriebenen Käse (Greyerzer, Parmesan oder alten Gouda), 4 verquirlte Eier und 3–4 EL Semmelbrösel unterziehen, mit Salz und Pfeffer abschmecken. Eine flache, feuerfeste Form fetten, das Püree einfüllen und mit Butterflöckchen belegt wie oben backen. Der Auflauf schmeckt besonders gut mit einer großen Schüssel bunt gemischtem Salat.

Zum Zerdrücken der Kartoffeln einen Kartoffelstampfer nehmen, mit dem Pürierstab werden sie matschig.

Garnelen in den Schalen garen, dann am Rücken aufschneiden und durchtrennen.

Den dunklen, fadenförmigen Darm mit der Messerspitze lösen und herausheben.

Zutaten für 4 Personen:

1 kg vorwiegend festkochende Kartoffeln
4 EL Olivenöl
Salz · schwarzer Pfeffer
200 g Egerlinge oder Austernpilze
1 großes Bund Frühlingszwiebeln
500 g Fischfilet in dicken Stücken (z. B. Seelachs, Kabeljau oder Rotbarsch)
2 EL Senf
500 g Tomaten · 200 g Möhren
1 Bund Dill
100 g Schafkäse
200 g + 2 EL Sahne
2 EL frisch geriebener Parmesan
2 TL Thymianblättchen (ersatzweise getrocknet)
1 Prise Cayennepfeffer
200 g Schmand (ersatzweise Crème fraîche)
Butter für die Form

Zubereitungszeit: 40 Min. (+ 40 Min. Backzeit)
Pro Portion etwa:
2780 kJ / 665 kcal
37 g EW / 34 g F / 57 g KH

Gelingt leicht

Kartoffel-Fisch-Gratin

Die Kartoffeln schälen. Die Hälfte davon in dünne Scheiben schneiden und im Olivenöl in einer beschichteten Pfanne in 2–3 Min. von beiden Seiten braten. Sparsam salzen und pfeffern.

Eine flache feuerfeste Form buttern. Mit den gebratenen Kartoffeln auslegen. Die restlichen Kartoffeln in dünne Stifte schneiden und ebenfalls unter Wenden braten, leicht salzen und pfeffern, Pilze putzen, in Scheiben schneiden, 2–3 Min. braten, salzen, pfeffern.

Frühlingszwiebeln waschen, putzen und fein schneiden. Die Hälfte davon auf den Kartoffeln verteilen. Fisch waschen, trockentupfen, auf der Innenseite (mit der gröberen Struktur) salzen und pfeffern, auf der Außenseite mit der Hälfte vom Senf bestreichen. Auf den Innenseiten 1 Min. in der Pfanne anbraten, dann in 8 Stücke schneiden und mit der gebratenen Seite auf den Zwiebeln verteilen.

Tomaten waschen, in Scheiben schneiden, auf dem Fisch verteilen, sparsam salzen und pfeffern. Die restlichen Frühlingszwiebeln darüber streuen. Möhren waschen, putzen und über die Zwiebeln raspeln. Die Pilze darüber verteilen, mit den Kartoffelstiften bedecken. Den Backofen auf 190° vorheizen.

Den Dill waschen, trockenschütteln. Die Hälfte davon fein schneiden. Schafkäse fein zerdrücken, mit 200 g Sahne, Parmesan, Thymian, Cayennepfeffer und geschnittenem Dill verrühren. Die Mischung über die Zutaten verteilen. Den Schmand mit der restlichen Sahne und dem übrigen Senf glattrühren und in Flöckchen darauf verteilen.

Das Gratin im Ofen (unten, Umluft 170°) in 40 Min. goldbraun backen. Mit dem restlichen Dill garnieren.

Dazu paßt ein trockener Weißwein oder Rosé.

Zutaten für 4 Personen:

150 g Dinkelvollkornmehl
1/4 l kohlensäurereiches Mineralwasser
200 g Sahne
4 EL Sojasauce · 1 TL Curry
je 1 Prise frisch geriebene Muskatnuß und Cayennepfeffer
1 Möhre · 4 Frühlingszwiebeln
1 geräucherter Lachshering (etwa 300 g; ersatzweise Lachsforelle)
1 EL Zitronensaft
6 Eier · 1 EL Butterschmalz
500 g Magerquark
2 EL Olivenöl · schwarzer Pfeffer
100 g Crème fraîche
40 g frisch geriebener Parmesan
300 g Spinat, blanchiert oder tiefgekühlt und aufgetaut
100 g Kirschtomaten und Butterflöckchen zum Belegen
Olivenöl und 1/4 Gemüsezwiebel für die Form

Zubereitungszeit: 40 Min. (+ 40 Min. Backzeit)
Bei 6 Personen pro Portion etwa: 3700 kJ / 885 kcal
52 g EW / 57 g F / 47 g KH

Läßt sich gut vorbereiten

Lachshering-Spinat-Auflauf

Dinkelmehl mit Mineralwasser, Sahne, 2 EL Sojasauce, Curry, Muskat und Cayennepfeffer verquirlen. Möhre putzen, fein hineinreiben und unterrühren. Den Teig zugedeckt 30 Min. quellen lassen.

Frühlingszwiebeln putzen, waschen und fein schneiden, einen Teil beiseite legen. Fisch häuten, filetieren, entgräten. Längs teilen und quer in 1 cm breite Streifen schneiden. Mit Zitronensaft beträufeln.

4 Eier unter den Teig rühren. In einer beschichteten Pfanne aus zwei Dritteln Teig im Butterschmalz nacheinander 2 Pfannkuchen backen, dabei jeweils die Hälfte der Frühlingszwiebeln darüber verteilen. Die Pfannkuchen wenden. Auf der Zwiebelseite nur kurz backen.

In den restlichen Pfannkuchenteig den Quark, das Olivenöl, die restliche Sojasauce, die übrigen Eier und knapp 1/2 TL Pfeffer quirlen. Ein Drittel dieser Masse in eine andere Schüssel füllen und mit der Crème fraîche, dem Parmesan und noch etwas Pfeffer verrühren. Den Spinat hacken und mit dem Fisch unter die erste Quarkmasse mischen. Den Backofen auf 200° vorheizen.

Eine feuerfeste Form fetten. Die Gemüsezwiebel schälen, in dünne Scheiben schneiden und den Formboden damit auslegen, mit Olivenöl beträufeln. Einen Pfannkuchen mit der Zwiebelseite nach oben darauf legen. Die Fisch-Spinat-Masse darauf verteilen. Mit dem zweiten Pfannkuchen (Zwiebelseite nach unten) abdecken. Die helle Masse darüber glattstreichen. Die Kirschtomaten waschen, halbieren und mit der Schnittfläche nach oben darauf verteilen. Mit Butterflöckchen belegen. Den Auflauf im Ofen (unten, Umluft 180°) in 40 Min. goldbraun backen. Mit den beiseite gelegten Frühlingszwiebeln garnieren.

Tips: Mineralwasser macht den Teig besonders schön locker, er gelingt aber auch mit normalem Leitungswasser.

Die Pfannkuchen können Sie schon am Vortag oder morgens backen, den restlichen Teig dann ohne Quark und Spinat in den Kühlschrank stellen.

Zutaten für 4–6 Personen:

800 g Schellfischfilet (ersatzweise tiefgekühltes Kabeljaufilet)
Salz · weißer Pfeffer
3 EL Zitronensaft
3 Knoblauchzehen
40 g Butter
600 g tiefgekühlter Blattspinat
frisch geriebene Muskatnuß
Streuwürze
75 g junger Gouda
100 g Sahne
200 g Crème fraîche
2 Eier
Cayennepfeffer
Butter für die Form

Zubereitungszeit: 40 Min. (+ 20–25 Min. Backzeit)
Bei 6 Personen pro Portion etwa: 1765 kJ / 420 kcal
33 g EW / 30 g F / 5 g KH

Gelingt leicht

Schellfisch-Spinat-Auflauf

Den Fisch eventuell auftauen lassen, dann kalt abspülen und trockentupfen. In mundgerechte Stücke schneiden und mit Salz und Pfeffer würzen. Mit 2 EL Zitronensaft beträufeln und zur Seite stellen.

Knoblauch schälen und fein schneiden. 2 EL Butter erhitzen, Knoblauch darin andünsten. Den Spinat dazugeben, mit restlichem Zitronensaft mischen und zugedeckt bei schwacher Hitze auftauen und kurz aufkochen lassen. Mit Salz, Pfeffer, Muskat und Streuwürze abschmecken.

Den Käse reiben. Eine feuerfeste Form fetten. Die Sahne mit Crème fraîche, Eiern und Käse verrühren. Mit Salz, Pfeffer und 1 kräftigen Prise Cayennepfeffer würzen. Den Backofen auf 200° vorheizen.

Den Formboden mit der Hälfte vom Spinat belegen. Danach die Hälfte der Fischstücke darauf legen. Wieder Spinat und restlichen Fisch einschichten. Alles mit der Sahnemischung übergießen, die restliche Butter in Flöckchen darauf verteilen. Den Auflauf im Ofen (Mitte, Umluft 180°) 20–25 Min. garen.

Fenchel-Rotbarsch-Gratin

Den Fenchel putzen, waschen und Fenchelgrün beiseite legen. Fenchel längs in 1 cm dicke Scheiben schneiden. Die Gemüsebrühe mit dem Weißwein aufkochen lassen, die Fenchelscheiben darin zugedeckt bei mittlerer Hitze 5 Min. garen. Gut abtropfen lassen.

Rotbarschfilet kalt abspülen, trockentupfen und in mundgerechte Stücke schneiden. Mit Zitronensaft beträufeln, salzen und pfeffern.

Den Backofen auf 200° (Umluft 180°) vorheizen. Eine flache Auflaufform fetten. Den Fenchel dachziegelartig hineinlegen, leicht salzen und pfeffern, den Fisch darauf verteilen.

Mascarpone mit 4–5 EL Fenchelsud und der Hälfte des Parmesans verrühren, mit Pfeffer würzen und über die Zutaten in der Auflaufform gießen. Mit dem restlichen Parmesan bestreuen. Das Gratin im Ofen (Mitte) 20 Min. überbacken, bis der Käse goldgelb ist. Mit Fenchelgrün garnieren.

Zutaten für 4 Personen:

750 g Fenchel
150 ml Gemüsebrühe
150 ml trockener Weißwein (ersatzweise Fischfond)
600 g Rotbarschfilet
2 EL Zitronensaft
Salz · Pfeffer
200 g Mascarpone
100 g frisch geriebener Parmesan
Fett für die Form

Zubereitungszeit: 25 Min. (+ 20 Min. Backzeit)
Pro Portion etwa: 2215 kJ / 530 kcal
41 g EW / 32 g F / 14 g KH

Schnell

Dazu paßt ein leichter trockener Weißwein, z. B. Entre-deux-Mers.

Sächsisches Lachsgratin mit Wein

Zutaten für 4 Personen:

4 Scheiben Lachsfilet (etwa 800 g)
2 unbehandelte Zitronen
Salz
weißer Pfeffer
100 g Butter
1 Dose Champagner-Sauerkraut (350 g Inhalt)
1/4 l Weißwein
200 g Crème fraîche
Cayennepfeffer
Butter für die Form

Zubereitungszeit: 30 Min.
(+ 30 Min. Backzeit)
Pro Portion etwa:
2840 kJ / 680 kcal
43 g EW / 48 g F / 11 g KH

Gelingt leicht

Von den Lachsscheiben eventuell die Haut entfernen, den Fisch kalt abspülen und mit Küchenpapier trockentupfen. Die Zitronen heiß waschen und trockenreiben. Von 1 Zitrone die Schale abreiben, den Saft auspressen und über den Lachs träufeln. Den Fisch von beiden Seiten mit Salz und Pfeffer würzen. Die Butter zerlassen, bis sie leicht gebräunt ist.

Eine Auflaufform dünn mit Butter ausstreichen. Den Backofen auf 200° vorheizen. Locker eine Lage Sauerkraut in die Form geben und etwas von der Zitronenschale darüber streuen. 2 Lachsscheiben auf das Kraut legen und mit brauner Butter bestreichen. Wieder eine Lage Sauerkraut einlegen, mit Zitronenschale würzen und den restlichen Lachs darauf legen. Mit brauner Butter bestreichen. Mit Sauerkraut und Zitronenschale abschließen.

Den Weißwein mit der Crème fraîche verrühren und mit etwas Cayennepfeffer würzen. Diese Mischung über die Zutaten in der Form gießen. Im Ofen (Mitte, Umluft 180°) 30 Min. backen. Von der zweiten Zitrone etwas Schale dünn mit einem Zestenreißer ablösen und diese später über das fertige Gericht streuen.

Mit Salzkartoffeln servieren.

Der Tip vom Profi

Lachs ist zwar ein eher fetter Fisch, er enthält aber die wertvollen ungesättigten Fettsäuren, die sich günstig auf den Blutdruck und damit auch auf den Kreislauf auswirken. Wer den Fisch zu Hause selbst häuten will, macht es am besten so: Das Filet mit der Hautseite nach unten auf ein Brett legen und an einer Seite etwas von der Haut abschneiden. Dann mit einem scharfen, biegsamen Messer zwischen Haut und Fleisch entlangfahren und die Haut ablösen.

Das besondere Rezept !

Ein exotisch anmutendes Gratin, das Ihre Gäste begeistern wird. Weiße und schwarze Nudeln mit rötlichen Garnelen sehen nicht nur toll aus, sie schmecken auch köstlich. Kokosmilch, Thai-Basilikum und Koriander bekommen Sie ebenso wie die Gewürze am besten im Asien-Laden, aber auch in gut sortierten Supermärkten. Nur beim Thai-Basilikum könnte es Probleme geben, es läßt sich aber durch normales Basilikum ersetzen. Nudeln und Garnelensauce können Sie schon einige Stunden vorher zubereiten. Dann nur noch mischen, mit dem Mozzarella belegen und gratinieren. Als Vorspeise schmeckt eine süßsaure Suppe oder ein kleiner Salat mit Sesamsamen oder Erdnüssen, danach exotische Früchte.

Zutaten für 4–6 Personen:

250 g weiße Nudeln
250 g schwarze Nudeln
Salz · 1 Zwiebel
2 Knoblauchzehen
20 g Butter
2 EL Olivenöl
250 g gegarte und geschälte Tiefseegarnelen
2 EL Zitronensaft
1/8 l Weißwein (ersatzweise Geflügelfond)
1 EL Sojasauce
1/4 – 1/2 EL gemahlene rote Peperoni (Chilipulver)
1 Döschen gemahlener Safran
1 TL Curry
weißer Pfeffer
1 Dose Kokosmilch (396 g Inhalt)
200 g Sahne
je 1/2 Bund Petersilie, Thai-Basilikum und Koriander
250 g Mozzarella
Butter für die Form

Zubereitungszeit: 1 Std. (+ 25 Min. Backzeit)
Bei 6 Personen pro Portion etwa: 3520 kJ / 840 kcal
33 g EW / 47 g F / 71 g KH

Für Gäste

Schwarz-weißes Nudelgratin

Die Nudeln in reichlich Salzwasser bißfest garen. Abgießen, kalt abschrecken und zur Seite stellen. Zwiebel und Knoblauch schälen und in kleine Würfel schneiden. Die Butter mit dem Olivenöl in einer großen Pfanne erhitzen. Zwiebel und Knoblauch darin glasig dünsten. Garnelen kalt abspülen und mit dem Zitronensaft beträufeln. In die Pfanne geben, 1 Min. braten, dann mit dem Wein ablöschen. Mit Sojasauce, Peperoni, Safran, Curry und Pfeffer pikant würzen.

Kokosmilch und Sahne zu den Garnelen gießen und alles in 6–8 Min. cremig einköcheln lassen. Den Backofen auf 200° vorheizen. Die Kräuter abspülen, trockenschütteln, in Streifen schneiden und unter die Garnelen mischen. Die Nudeln untermengen.

Eine große Auflaufform dünn mit Butter ausstreichen. Nudel-Garnelen-Masse einfüllen. Mozzarella in Scheiben schneiden und darauf verteilen. Im Ofen (Mitte, Umluft 180°) in 25 Min. goldgelb überbacken.

Dazu schmeckt Kopfsalat.

Zutaten für 4 Personen:

1 kg kleine Tintenfische (Sepia oder Seppioline)
1/4 l trockener Weißwein (ersatzweise Fischfond)
1 EL heller Essig
Salz
1 Lorbeerblatt
je 1 TL Piment- und Pfefferkörner
750 g Tomaten
2–3 Knoblauchzehen
1 Bund Petersilie
2 Zweige Basilikum
4 kleine Gewürzgurken
2 Sardellenfilets
1 EL Kapern
150 g Semmelbrösel
6 EL Olivenöl
schwarzer Pfeffer
Fett für die Form

Zubereitungszeit: 35 Min. (+ 10–15 Min. Backzeit)
Pro Portion etwa: 3020 kJ / 720 kcal
49 g EW / 29 g F / 52 g KH

Läßt sich gut vorbereiten

Gratinierte Tintenfische

Tintenfische waschen. In einem breiten Topf 1/4 l Wasser mit Weißwein, Essig, Salz, Lorbeerblatt, Piment- und Pfefferkörnern aufkochen, 15 Min. bei mittlerer Hitze köcheln lassen.

Die Tintenfische in den kochenden Sud legen, Topf vom Herd nehmen und Tintenfische zugedeckt 10 Min. ziehen lassen.

Stielansätze der Tomaten entfernen. Tomaten kurz überbrühen, häuten, halbieren und entkernen, die Hälften grob würfeln. Knoblauchzehen schälen und fein würfeln. Kräuter waschen, die Blättchen hacken.

Die Tintenfische aus dem Sud heben, abtropfen lassen. Gewürzgurken, Sardellen und Kapern sehr fein hacken, mit Kräutern, Knoblauch, Semmelbröseln und 2 EL Olivenöl vermischen. Backofen auf 250° (Umluft 230°) vorheizen.

Eine flache Auflaufform fetten, Tintenfische hineinlegen, die Tomatenstücke dazwischen verteilen, salzen und pfeffern, mit Kräuter-Knoblauchbröseln bedecken. Mit 4–6 EL Kochsud und dem restlichen Olivenöl beträufeln. Tintenfische im Ofen (oben) 10–15 Min. gratinieren, bis die Bröselschicht schön gebräunt ist.

Nach Belieben mit Basilikum garnieren und frisches Weißbrot dazu servieren.

Tip: Tintenfische gibt es küchenfertig zu kaufen. Falls sie noch nicht ausgenommen sind, den Kopf samt Eingeweiden aus dem runden Körper (Tubus) ziehen, die harte Kalkschale (Sepiaschale) aus dem Tubus entfernen. Die Eingeweide vom Kopf abschneiden und wegwerfen. Die harten Beißwerkzeuge am Grund der Fangarme herausdrücken. Vom Tubus die dunklere Haut abziehen, Tintensäckchen entfernen.

SOUFFLÉS UND FLANS

Zutaten für 4 Personen:

1 kg mehligkochende Kartoffeln
2 Dosen Thunfisch im eigenen Saft (je 185 g Inhalt)
2 Bund Schnittlauch
2 EL Butter
3/8 l Milch
Salz
Pfeffer
frisch geriebene Muskatnuß
4 Eiweiße
1 Msp. Backpulver
3 Eigelbe
200 g Kräuterfrischkäse
Fett für die Form

Zubereitungszeit: 40 Min. (+ 35 Min. Backzeit)
Pro Portion etwa: 2320 kJ / 555 kcal
43 g EW / 23 g F / 42 g KH

Preiswert

Kartoffel-Thunfisch-Soufflé

Die Kartoffeln waschen, schälen und in grobe Stücke schneiden. In einen Topf geben, knapp mit Wasser bedecken und zugedeckt 20 Min. bei mittlerer Hitze garen.

Inzwischen den Thunfisch abgießen und mit einer Gabel fein zerdrücken. Den Schnittlauch waschen und in feine Röllchen schneiden.

Die Kartoffeln heiß durch die Kartoffelpresse drücken. Die Butter dazugeben, die Milch aufkochen lassen und mit dem Schneebesen unterschlagen. Das Püree mit Salz, reichlich Pfeffer und Muskat kräftig würzen und etwas abkühlen lassen.

Die Eiweiße zu steifem Schnee schlagen, dabei das Backpulver dazugeben. Den Backofen auf 180° (Umluft 160°) vorheizen. Eine Soufflé-form von 1 1/2 l Inhalt fetten.

Den Thunfisch, die Eigelbe, den Kräuterfrischkäse und den Schnittlauch unter die Kartoffelmasse mischen, abschmecken und nochmals nachwürzen. Den Eischnee unter die Kartoffelmasse heben und in die Form füllen.

Das Kartoffelsoufflé im Ofen (unten) 40 Min. backen. Herausnehmen und sofort servieren.

Dazu schmeckt gemischter Gemüsesalat.

Tips: Ohne den Thunfisch eignet sich das Soufflé auch sehr gut als Beilage zu Fisch, Fleisch und Geflügelgerichten.

Wer gerne scharf ißt, würzt die Masse mit Tabascosauce.

Spinatsoufflé

Zutaten für 4–6 Personen:

1 kg Spinat
Salz
2 Schalotten
1 Knoblauchzehe
3 EL Butter
weißer Pfeffer
frisch geriebene Muskatnuß
Für die Béchamelsauce:
50 g Butter
30 g Mehl
1/4 l Milch
weißer Pfeffer
frisch geriebene Muskatnuß
Streuwürze
4 Eier
50 g Greyerzer
weiche Butter für die Form

Zubereitungszeit: 1 1/4 Std.
(+ 45 Min. Backzeit)
Bei 6 Personen pro Portion etwa:
1690 kJ / 405 kcal
17 g EW / 31 g F / 18 g KH

Für Gäste

Den Spinat verlesen, gründlich waschen und die groben Stiele entfernen. In einem Topf etwas Salzwasser aufkochen lassen, den Spinat darin 2–3 Min. blanchieren, bis die Blätter zusammenfallen. Spinat in einem Sieb kalt abschrecken, abtropfen lassen und anschließend fein hacken.

Schalotten und Knoblauch schälen und so fein wie möglich würfeln. In der Butter andünsten, den Spinat hinzufügen und mit Salz, Pfeffer und Muskat würzen. Unter Rühren 3–4 Min. bei mittlerer Hitze garen, zur Seite stellen.

Für die Béchamelsauce die Butter zerlassen, das Mehl darin anschwitzen. Die Milch unter Rühren dazugießen und die Sauce bei schwacher Hitze 10 Min. köcheln lassen. Mit Salz, Pfeffer, Muskat und etwas Streuwürze pikant abschmecken.

Backofen auf 175° (Umluft 160°) vorheizen. Die Eier trennen, Eigelbe nach und nach unter die Sauce rühren. Die Eiweiße zu steifem Schnee schlagen. Den Spinat und den Käse unter die Sauce mengen, dann nach und nach vorsichtig den Eischnee unterheben.

Den Boden einer Souffléform von 1 1/2 l Inhalt mit Butter auspinseln, die Spinatmasse einfüllen. Das Soufflé im Ofen (unten) 45 Min. backen, dann sofort servieren.

Zutaten für 4 Personen:

100 g Hirse
250 g Möhren
30 g Butter
Salz
weißer Pfeffer
4 Eier
1/4 l Milch
2 TL Curry
2 TL frisch gehacktes Basilikum
Butter, Semmelbrösel und 1 Möhre für die Förmchen
Basilikumblättchen zum Garnieren

Zubereitungszeit: 1 Std. (+ 30 Min. Backzeit)
Pro Portion etwa: 1220 kJ / 290 kcal
12 g EW / 15 g F / 27 g KH

Vegetarisch

Hirsesoufflés

Die Hirse mit 300 ml Wasser zugedeckt bei schwacher Hitze 15 Min. köcheln lassen, dann vom Herd nehmen und zugedeckt ausquellen lassen.

Inzwischen 8 feuerfeste Förmchen von je 225 ml Inhalt gut fetten, am Boden mit Bröseln ausstreuen. Die Möhre für die Förmchen schälen, waschen, putzen und grob raspeln. Die Möhrenraspel an die Formränder drücken.

Die Möhren schälen und grob raspeln. Die Butter in einer großen Pfanne erhitzen. Die Möhren darin bei mittlerer Hitze 2 Min. unter häufigem Wenden braten, sparsam salzen und pfeffern. Die Hirse daruntermischen, vom Herd nehmen und lauwarm abkühlen lassen.

Den Backofen auf 200° (Umluft 180°) vorheizen. Die Eier trennen. Die Eigelbe mit der Milch, dem Curry und dem Basilikum verrühren. Mit Salz und Pfeffer abschmecken.

Die Eiweiße mit 1 Prise Salz steif schlagen. Die Milchmischung gründlich unter die Möhrenhirse rühren. Den Eischnee vorsichtig unterziehen, dann in die Förmchen verteilen und glattstreichen.

In den Backofen (unten) stellen. Auf 190° (Umluft 170°) herunterschalten. Die Soufflés in gut 30 Min. goldbraun backen, bis die Masse gestockt ist. Herausnehmen, mit einem schmalen Messer an den Innenrändern der Förmchen entlangfahren, die Soufflés vorsichtig stürzen. Nach Belieben mit Basilikumblättchen garnieren.

Dazu schmecken Puten- oder Kalbsschnitzel oder Kalbsbraten, panierter gebratener Fisch und Blattsalate.

Tips: Die Soufflés schmecken auch kalt, zum Beispiel zu Eiersalat.

Würziger werden die Soufflés, wenn Sie die Hälfte der Möhrenraspel durch feingeschnittenen Lauch ersetzen. Verwenden Sie nur die weißen und hellgrünen Teile.

Zutaten für 4 Personen:

- 50 g Quinoa
- 1 EL feingeschnittene Petersilie
- 50 g Schafkäse
- 250 g Sahnequark
- 1 TL Zitronensaft
- Salz
- 125 g Mozzarella
- 3 EL frisch geriebener Parmesan
- 1 Bund Radieschen
- 2 Frühlingszwiebeln
- 150 g Spinat (frisch und blanchiert oder tiefgekühlt und aufgetaut)
- 3 Eier
- Butter und Vollkornbrösel für die Form

Zubereitungszeit: 30 Min. (+ 40 Min. Backzeit)
Pro Portion etwa: 1480 kJ / 355 kcal
27 g EW / 22 g F / 11 g KH

Vegetarisch

Quinoa-Kräuter-Soufflé

Den Quinoa in 1/4 l Wasser mit der Petersilie 10 Min. köcheln, dann auf der abgeschalteten Kochstelle zugedeckt weitere 10 Min. ausquellen lassen.

Inzwischen den Schafkäse mit einer Gabel fein zerdrücken, mit dem Quark, dem Zitronensaft und Salz glattrühren. Den Mozzarella in Würfel von etwa 1 cm Größe schneiden, mit dem Parmesan mischen. Eine Königskuchenform von mindestens 25 cm Länge fetten und mit Bröseln ausstreuen.

Den Backofen auf 200° (Umluft 180°) vorheizen. Die Radieschen putzen, waschen, grob würfeln (einige Radieschen halbieren und beiseite legen). Die Frühlingszwiebeln waschen, putzen und fein schneiden. Spinat fein hacken.

Quinoa auf einem Sieb abtropfen lassen. Dann unter die Quarkmasse rühren. Die Eier trennen, die Eigelbe unter die Quinoa-Quark-Masse rühren. Die vorbereiteten Gemüse und die Käsemischung gründlich untermengen. Die Eiweiße mit 1 Prise Salz steif schlagen, vorsichtig unter die Masse ziehen. In die Form füllen und glattstreichen.

Das Soufflé in den Ofen (unten) schieben, auf 190° (Umluft 170°) herunterschalten, in 40 Min. goldbraun backen. Eventuell noch 5 Min. im ausgeschalteten Backofen stehenlassen. Herausnehmen, als dicke Scheiben einzeln aus der Form nehmen. Mit den Radieschenhälften garnieren.

Paßt zu Eiergerichten, zum Beispiel zu Spiegeleiern oder hartgekochten Eiern in Saucen, schmeckt aber auch mit einer großen Schüssel Salat.

Tips: Statt Radieschen 1 Kohlrabi schälen, würfeln und 1 Min. blanchieren.

Oder statt Spinat zarte Mangoldblätter nehmen. Oder einen Teil vom Spinat durch Kresse, Kerbel oder Bärlauch ersetzen. Diese Kräuter nur fein schneiden, nicht blanchieren.

Käsesoufflé

Zutaten für 4 Personen:
150 g Hartkäse (Greyerzer, Bergkäse)
8 Eier
Salz
60 g Butter
70 g Mehl
Fett und 2 EL Semmelbrösel für die Form

Zubereitungszeit: 35 Min. (+ 35–40 Min. Backzeit)
Pro Portion etwa: 2065 kJ / 495 kcal
27 g EW / 37 g F / 13 g KH

Preiswert

Dazu paßt ein fruchtiger Weißwein, z. B. ein Muscadet aus Frankreich oder ein Soave aus Italien.

Den Käse reiben. Eine hochwandige, etwa 2 l fassende Auflaufform dick fetten und mit Semmelbröseln ausstreuen, überschüssige wieder ausschütten.

Die Eier trennen, die Eigelbe in den Schalenhälften lassen, die Eiweiße in eine Schüssel geben. In einer Kasserolle 200 ml Wasser mit 1 TL Salz aufkochen lassen, die Butter dazugeben. Den Topf vom Herd ziehen, das Mehl auf einmal in die Flüssigkeit schütten und verrühren.

Den Topf wieder auf die Herdplatte stellen und die Masse bei mittlerer Hitze kochen lassen, bis der Teig sich zu einem Kloß zusammenballt und der Topfboden eine weiße Kruste hat. Den Topf vom Herd nehmen, 1 Eigelb kräftig unter den Teig rühren. Auf Handwärme abkühlen lassen. Inzwischen die Eiweiße mit etwas Salz zu steifem Schnee schlagen.

In den abgekühlten Brandteig nach und nach die übrigen Eigelbe rühren, bis der Teig glänzt. Erst etwas Eischnee und die Hälfte vom geriebenen Käse zum Lockern mit dem Schneebesen einrühren, dann den restlichen Eischnee locker, aber nicht zu gründlich, unterheben, es sollen noch Eischneeflocken erkennbar sein.

Die Schaummasse in die Form füllen, mit dem restlichen Käse bestreuen. Die Masse mit einem Löffel 2 cm vom Rand rundum tief einkerben, damit sie beim Backen aufbrechen kann.

In den Backofen (unten) schieben, jetzt erst auf 180° (Umluft 170°) schalten. 35–40 Min. backen, bis die Oberfläche gut gebräunt ist. Während der ersten 20 Min. den Ofen nicht öffnen, sonst fällt das Soufflé zusammen! Garprobe: mit einem Holzstäbchen in die Masse stechen, es darf nichts daran hängenbleiben. Sofort servieren.

Dazu eine große Schüssel grünen Salat servieren.

Tips: Wenn man es in den kalten Ofen schiebt, geht dieses Soufflé besonders gut auf und fällt nicht so leicht zusammen.

Je nachdem, wie würzig der Käse ist, sollten Sie die Masse noch mit Pfeffer, Muskat und etwas Salz würzen.

Bei einem Soufflé müssen die Gäste auf das Essen warten, nicht umgekehrt, sonst fällt die ganze Pracht zu einem flachen Rührei zusammen.

Die Eigelbe nach dem Trennen vom Eiweiß in den Schalenhälften lassen, da man sie einzeln braucht.

Die Mehlmasse so lange garen, bis sie sich zu einem Kloß zusammenballt und der Topfboden weißlich wird.

Nachdem die Eigelbe im Teig sind, einen Teil des Eischnees und etwas Käse unterrühren, bis das Ganze geschmeidig ist.

Der Tip vom Profi !

Damit das Stürzen ganz rasch geht und die Soufflés nicht zusammenfallen, müssen die Förmchen sehr gut vorbereitet werden. Wichtig: nicht nur gut einfetten, sondern zusätzlich den Boden mit Semmelbröseln bestreuen! Natürlich können Sie die Soufflés auch direkt in den Portionsförmchen servieren – das sieht dekorativ aus und die Soufflés bleiben länger heiß.

Zutaten für 8 Personen:

1/2 rote Paprikaschote
4 geräucherte Forellenfilets (etwa 250 g)
2 Schalotten
50 g Butter
Salz · weißer Pfeffer
Cayennepfeffer
3 TL Zitronensaft
2 EL Mehl
1/8 l Weißwein (ersatzweise Fischfond)
125 g Sahne
4 Eier
Für die Dillcreme:
250 g saure Sahne
1 Bund Dill
weißer Pfeffer
1 TL Zitronensaft
1/4 TL Paprika, edelsüß
Butter und Semmelbrösel für die Förmchen

Zubereitungszeit: 55 Min. (+ 30 Min. Backzeit)
Pro Portion etwa: 1055 kJ / 250 kcal
13 g EW / 19 g F / 3 g KH

Für die große Runde

Forellensoufflé mit Dillcreme

Die Paprikahälfte waschen, putzen und in sehr kleine Würfel schneiden. Die Forellenfilets ebenfalls sehr klein würfeln, dabei restliche Gräten entfernen. Die Schalotten schälen und fein hacken. Paprikawürfel und Schalotten unter Rühren 3 Min. in 2 EL Butter andünsten. Die Forellenstückchen hinzufügen, alles durchschwenken. Mit Salz, Pfeffer, Cayennepfeffer und dem Zitronensaft pikant würzen.

Die restliche Butter in einem Töpfchen erhitzen, unter Rühren das Mehl einstreuen. Den Wein und die Sahne dazugießen und alles unter häufigem Rühren 4 – 5 Min. köcheln lassen. Die Sauce mit Salz und Pfeffer abschmecken und etwas abkühlen lassen.

Den Backofen auf 180° (Umluft 160°) vorheizen. 8 Portionsförmchen von je etwa 200 ml Inhalt fetten, am Boden mit Bröseln ausstreuen. Eier trennen, Eigelbe nach und nach unter die Sauce rühren. Fischmasse untermischen. Eiweiße steif schlagen und vorsichtig unterheben. Nun die Masse in die Förmchen füllen (sie dürfen nur zu drei Vierteln gefüllt sein) und glattstreichen. Im Ofen (unten) 30 Min. backen, bis sie schön aufgegangen und goldbraun sind.

In der Zwischenzeit für die Dillcreme die saure Sahne in eine kleine Schüssel füllen. Den Dill abspülen und trockenschütteln. 2 – 3 Zweige zum Garnieren beiseite legen. Restlichen Dill fein hacken. Unter die saure Sahne mischen, mit etwas Pfeffer und dem Zitronensaft würzen. Kühl stellen.

Die Soufflés auf kleine Teller stürzen. Neben jedes Soufflé etwas Dillcreme geben, leicht mit dem Paprikapulver bestreuen, mit Dill garnieren und sofort servieren.

Zutaten für 4 Personen:

500 g Egerlinge
1 Bund Frühlingszwiebeln
5 EL Olivenöl
Salz
schwarzer Pfeffer
2 EL fein gehackte Petersilie
150 g Schafkäse
1 TL gekörnte Gemüsebrühe
150 g Grünkern (möglichst frisch feingemahlen)
100 g Crème fraîche
1 TL eingelegte grüne Pfefferkörner
500 g Kirschtomaten
200 g Butterkäse
4 Eier
Butterflöckchen zum Belegen
Petersilienblättchen zum Garnieren

Zubereitungszeit: 30 Min. (+ 40 Min. Backzeit)
Pro Portion etwa:
3105 kJ / 745 kcal
26 g EW / 55 g F / 33 g KH

Vegetarisch

Harlekinpilze mit Grünkernhaube

Pilze putzen und je nach Größe vierteln, halbieren oder ganz lassen. Die Frühlingszwiebeln waschen, putzen und quer in etwa 4 cm lange Stücke schneiden, dabei dickere Zwiebeln längs halbieren.

In einem weiten Topf 4 EL Öl erhitzen, das vorbereitete Gemüse darin unter Rühren bei mittlerer Hitze 2–3 Min. braten, leicht salzen und pfeffern. 1 EL Petersilie daruntermischen und alles in eine flache feuerfeste Form geben.

Den Schafkäse mit einer Gabel fein zerdrücken. 400 ml Wasser mit der gekörnten Brühe aufkochen lassen, den Grünkern unter ständigem Rühren einrieseln lassen, glattrühren. Vom Herd nehmen. Den Schafkäse, die Crème fraîche, das restliche Olivenöl, die übrige Petersilie und den grünen Pfeffer unterrühren, lauwarm abkühlen lassen.

Inzwischen die Kirschtomaten waschen und abtrocknen. Den Butterkäse in Würfel von etwa 2 cm Größe schneiden. Beides unter die inzwischen lauwarm abgekühlte Pilzmasse mischen. Den Backofen auf 180° vorheizen.

Die Eier trennen. Die Eiweiße mit 1 Prise Salz steif schlagen. Die Eigelbe gründlich unter die Grünkernmasse rühren. Den Eischnee nach und nach daruntermischen. Die Grünkernmasse auf dem Gemüse glattstreichen. Mit Butterflöckchen belegen. Im Backofen (Mitte, Umluft 160°) in 40 Min. goldbraun backen. Eventuell noch 10 Min. im ausgeschalteten Backofen stehenlassen. Mit Petersilienblättchen garniert servieren.

Dazu schmeckt grüner Salat.

Dazu paßt trockener Rotwein.

Zutaten für 4 Personen:

- 1 große Zwiebel
- 300 g Zuckerschoten
- 2 EL Butter
- Salz
- 1/4 l Gemüsebrühe
- 400 g Doppelrahm-Frischkäse
- 2 Zweige Thymian
- weißer Pfeffer
- 2 TL Zitronensaft
- 4 Eier
- 1 Msp. Backpulver
- Fett für die Form

Zubereitungszeit: 20 Min.
(+ 40–45 Min. Backzeit)
Pro Portion etwa:
2205 kJ / 525 kcal
17 g EW / 46 g F / 12 g KH

Für Gäste

Frischkäsesoufflé mit Zuckerschoten

Die Zwiebel schälen und fein hacken. Die Zuckerschoten waschen und die Enden abknipsen. Die Butter in einem breiten Topf erhitzen, die Zwiebel darin andünsten. Die Zuckerschoten dazugeben und ebenfalls andünsten. Mit der Gemüsebrühe aufgießen und 10 Min. köcheln lassen.

Die Zuckerschoten mit dem Pürierstab oder im Mixer pürieren. Den Frischkäse gründlich unter das warme Gemüsepüree rühren, Thymian waschen, Blättchen abstreifen. Mit Salz, Pfeffer, Thymian und Zitronensaft würzen und etwas abkühlen lassen. Den Backofen auf 180° (Umluft 160°) vorheizen.

Eine Souffléform von etwa 1 1/2 l Inhalt fetten. Die Eier trennen. Die Eiweiße mit dem Backpulver zu sehr steifem Schnee schlagen. Erst die Eigelbe unter die Soufflémasse mischen. Dann den Eischnee gründlich unterheben und alles in die Form füllen.

Das Soufflé im Ofen (unten) 40–45 Min. backen. Sofort servieren.

Dazu paßt trockener Weißwein oder Prosecco.

Lauchsoufflé mit Gorgonzola

Den Lauch vom Wurzelansatz befreien, längs aufschlitzen und unter fließendem Wasser gründlich waschen. Dann quer in feine Streifen schneiden und in kochendem Salzwasser 3 Min. blanchieren. Eiskalt abschrecken, abtropfen lassen und ausdrücken.

Den Gorgonzola mit dem Lauch im Mixer pürieren. Die Crème fraîche und die Haselnüsse untermischen. Mit Salz, Pfeffer und Cayennepfeffer würzen und etwas abkühlen lassen. Die Eier trennen. Die Eiweiße mit dem Backpulver zu steifem Schnee schlagen. Den Backofen auf 180° (Umluft 160°) vorheizen. Eine Souffléform von 1 1/2 l Inhalt fetten.

Die Eigelbe unter die Lauchmasse mischen. Den Eischnee unterheben und die Masse in die Form füllen. Im Ofen (unten) 40 Min. backen. Herausnehmen und sofort servieren.

Dazu Salzkartoffeln reichen.

Zutaten für 4 Personen:

- 1 kg Lauch
- Salz
- 150 g Gorgonzola
- 300 g Crème fraîche
- 50 g gemahlene Haselnüsse
- schwarzer Pfeffer
- 1 Prise Cayennepfeffer
- 4 Eier
- 1 Prise Backpulver
- Fett für die Form

Zubereitungszeit: 20 Min.
(+ 40 Min. Backzeit)
Pro Portion etwa:
2480 kJ / 595 kcal
16 g EW / 51 g F / 19 g KH

Vegetarisch

Champignonsoufflé mit Kressesauce

Zutaten für 8 Personen:

Für das Soufflé:
350 g Champignons
3 Schalotten · 2 Knoblauchzehen
100 g gekochter Schinken
60 g Butter
1 EL Tomatenmark
2 EL Mehl
125 g Sahne
Salz · weißer Pfeffer
3 EL Weißwein
(ersatzweise Geflügelfond)
5 Eier
Für die Kressesauce:
2 Kästchen Kresse
100 g Crème fraîche
100 g Salatmayonnaise
1 EL Sherryessig
Worcestersauce
Salz · weißer Pfeffer
Butter für die Förmchen

Zubereitungszeit: 1 Std.
(+ 25 Min. Backzeit)
Pro Portion etwa:
1165 kJ / 280 kcal
8 g EW / 24 g F / 8 g KH

Für Gäste

Für das Soufflé Champignons putzen und sehr fein hacken. Schalotten und Knoblauch schälen und mit dem Schinken so fein wie möglich würfeln.

Die Butter erhitzen, Schalotten und Knoblauch darin glasig dünsten. Die Pilze so lange mitgaren, bis die austretende Flüssigkeit wieder verdampft ist. Den Schinken und das Tomatenmark untermischen, noch 4 Min. mitdünsten. Mit dem Mehl überstäuben, die Sahne unter Rühren hinzugießen. Alles noch etwas köcheln lassen, mit Salz, Pfeffer und Wein abschmecken.

Die Eier trennen, Eigelbe nach und nach unter die Champignonmasse rühren und auskühlen lassen. Die Eiweiße steif schlagen und unter die erkaltete Masse heben. Den Backofen auf 175° (Umluft 160°) vorheizen. Acht feuerfeste Förmchen von je etwa 100 ml Inhalt dünn mit Butter fetten, die Masse einfüllen und glattstreichen. Die Förmchen dürfen nur zu etwa drei Viertel gefüllt sein. Die Soufflés im Ofen (unten) 25 Min. backen, bis sie schön aufgegangen und goldbraun sind.

Inzwischen für die Sauce die Kresse vom Beet abschneiden (etwas für die Garnitur aufheben) und mit der Crème fraîche und der Mayonnaise vermengen. Mit Essig, einigen Spritzern Worcestersauce, Salz und Pfeffer würzen.

Die fertigen Soufflés vom Förmchenrand lösen, auf kleine Teller stürzen, mit etwas Sauce umgießen und mit der restlichen Kresse garnieren.

Mit Toastbrot servieren.

Zutaten für 4 Personen:

200 g weißes Fischfilet (Rotbarsch, Schellfisch oder Schollenfilets)
3 Eier
75 g Crème fraîche
2 EL frisch gehackte Petersilie
1 TL Zitronensaft
Salz · weißer Pfeffer
50 g geschälte Nordsee-Krabben
1 Bund Dill · 1 Knoblauchzehe
175 g Vollmilch-Joghurt
2 EL Sahne
Fett für die Förmchen

Zubereitungszeit: 30 Min. (+ 15–20 Min. Backzeit)
Pro Portion etwa:
995 kJ / 235 kcal
18 g EW / 16 g F / 5 g KH

Schnell

Fisch-Krabben-Soufflés

Das Fischfilet gegebenenfalls entgräten, kalt abspülen und trockentupfen. Im Blitzhacker pürieren, kühl stellen.

Backofen auf 220° (Umluft 200°) vorheizen. Die Eier trennen. Fischpüree mit Eigelben, Crème fraîche und gehackter Petersilie kräftig verrühren. Mit Zitronensaft, Salz und Pfeffer abschmecken.

Vier Portionsförmchen von je etwa 1/4 l Inhalt fetten. Die Eiweiße steif schlagen. Zusammen mit den Krabben locker unter die Fischfarce heben. In die Souffléförmchen füllen. Soufflés in den Ofen (unten) schieben, 15–20 Min. backen, bis sie goldbraun sind.

Für die Sauce Dill waschen, die Spitzen fein schneiden. Knoblauchzehe schälen. Joghurt und Sahne mit Dill, durchgepreßtem Knoblauch, Salz und Pfeffer verquirlen.

Die Souffléförmchen auf Portionsteller setzen, die Dillsauce extra dazu servieren.

Dazu paßt ein trockener Weißwein, z. B. ein italienischer Pinot bianco.

Tomaten mit Parmesansoufflé

Tomaten waschen, dann jeweils einen Deckel abschneiden, Früchte aushöhlen, Fruchtinneres zur Seite stellen. Die Tomaten innen salzen, umgedreht abtropfen lassen. Toastbrot entrinden, Brotkrume und Parmesan fein reiben. Die Eier trennen. Backofen auf 180° (Umluft 160°) vorheizen.

Die Butter schaumig rühren, Eigelbe, Käse und Brotbrösel untermischen, mit Salz, Pfeffer und Piment pikant abschmecken. Eiweiße steif schlagen, unter die Käsemasse heben.

Die Tomaten mit der Käsemasse füllen. Eine flache Form fetten, die Tomaten hineinsetzen und im Ofen (unten) 25–30 Min. backen.

Inzwischen das Tomateninnere durch ein Sieb streichen. Basilikum waschen, die Blättchen in Streifen schneiden. Knoblauch schälen. In einem Topf Crème fraîche mit durchgepreßtem Knoblauch 5 Min. einkochen lassen, Tomatenpüree einrühren, mit Salz und Pfeffer abschmecken und mit dem Pürierstab schaumig pürieren. Basilikum einrühren. Tomaten mit Basilikum garniert mit der Sauce servieren.

Zutaten für 4 Personen:

8 mittelgroße Tomaten (etwa 1 kg) · Salz
2 Scheiben altbackenes Toastbrot
75 g Parmesan · 3 Eier
50 g Butter · Pfeffer
1 Msp. gemahlener Piment
1 Bund Basilikum
1–2 Knoblauchzehen
200 g Crème fraîche
Fett für die Form
Basilikumblättchen zum Garnieren

Zubereitungszeit: 35 Min. (+ 25–30 Min. Backzeit)
Pro Portion etwa:
2085 kJ / 500 kcal
16 g EW / 42 g F / 22 g KH

Artischocken-Flans mit Tomatensauce

Zutaten für 4 Personen:

200 g Artischockenböden (aus der Dose)
150 g Magerquark · 2 Eier
1 TL unbehandelte abgeriebene Zitronenschale
Salz · weißer Pfeffer
frisch geriebene Muskatnuß
50 g getrocknete Tomaten (in Öl eingelegt) · 2 Zweige Basilikum
200 ml Gemüsefond (aus dem Glas)
50 g Butter · Fett für die Förmchen

Zubereitungszeit: 30 Min.
(+ 30–35 Min. Backzeit)
Pro Portion etwa:
1105 kJ / 265 kcal
13 g EW / 16 g F / 22 g KH

Für Gäste

Artischockenböden abtropfen lassen. Im Mixer glatt pürieren. Eventuell durch ein Sieb streichen. Den Quark und die Eier untermischen. Mit Zitronenschale, Salz, Pfeffer und Muskat würzen.

Den Backofen auf 180° vorheizen. Vier Portionsförmchen von je etwa 1/8 l Inhalt gut fetten, die Flanmasse einfüllen. Die Förmchen auf eine weiche Unterlage stoßen, um Luftblasen zu entfernen. In die Fettpfanne oder eine Bratreine stellen. Seitlich kochendheißes Wasser bis zur halben Höhe der Förmchen angießen. Flans in den Ofen (Mitte, Umluft 165°) schieben und 30–35 Min. garen. Sie sind fertig, wenn die Oberfläche beim Antippen elastisch-fest ist.

15 Min. vor dem Servieren die Tomaten mit Küchenpapier trocknen und in feine Streifen schneiden oder würfeln. Basilikumblätter abzupfen, hacken. Den Gemüsefond mit den Tomatenstreifen in eine Kasserolle geben und bei mittlerer Hitze in 5–7 Min. um ein Drittel einkochen lassen. Die Butter in kleinen Flöckchen in den Fond schlagen. Basilikum einrühren und die Sauce mit Salz und Pfeffer abschmecken.

Die Flans aus den Förmchen auf Vorspeisenteller stürzen, mit der Sauce umgießen und servieren.

Das besondere Rezept

!

Aus wenigen Zutaten – die Sie größtenteils im Vorrat haben können – zaubern Sie ohne Mühe eine Delikatesse, mit der Sie auch verwöhnte Gäste bewirten können. Am besten, Sie bereiten alle Zutaten vor: Die Artischocken pürieren, die Tomaten schneiden und beides abgedeckt kühl stellen. Wenn die Gäste kommen, müssen Sie nur noch die restlichen Zutaten unter das Püree mischen und die Sauce garen.
Wer mag, kann natürlich auch frische Artischocken nehmen. Dann je nach Größe von 4–6 großen Artischocken die Blätter mit einem scharfen Messer bis in den fleischigen Teil abschälen, innere Blätter und Heu abschneiden. Böden in wenig Wasser 10–15 Min. garen.

Gemüseflan

Zutaten für 4 Personen:

500 g Gemüse (geputzt gewogen, z. B. Möhren, Kohlrabi)
1 kleine Zwiebel
3 EL Butter
Salz · weißer Pfeffer
frisch geriebene Muskatnuß
1/4 TL Korianderpulver (bei Möhren)
3 EL Gemüse- oder Fleischbrühe (Instant)
100 g Sahne
2 Eier · 1 Eigelb

Zubereitungszeit: 45 Min.
(+ 25–30 Min. Backzeit)
Pro Portion etwa:
1255 kJ / 300 kcal
7 g EW / 25 g F / 13 g KH

Für Gäste

Das Gemüse putzen, schälen und in Scheiben schneiden. Die Zwiebel schälen und klein würfeln. 2 EL Butter in einem Topf zerlassen, die Zwiebel darin glasig dünsten. Das Gemüse hinzufügen und mit Salz, Pfeffer, Muskat und eventuell Koriander würzen. Alles mischen, mit der Brühe ablöschen und zugedeckt bei schwacher Hitze 20 Min. dünsten. Zuletzt den Deckel entfernen, damit die Flüssigkeit verdampfen kann.

Vier Förmchen von je etwa 1/8 l Inhalt mit der restlichen Butter großzügig fetten. Den Backofen auf 180° vorheizen.

Das gegarte Gemüse mit dem Pürierstab oder im Mixer zerkleinern. Die Sahne aufkochen lassen und unter das Gemüsemus rühren. Die Eier mit dem Eigelb verquirlen und unterrühren. Nochmals abschmecken und in die Förmchen füllen. Die Förmchen leicht auf den Tisch stoßen, damit keine Luftbläschen in der Farce bleiben. Die Förmchen in einen Topf oder eine feuerfeste Schüssel stellen. Seitlich kochendheißes Wasser bis zur halben Höhe der Förmchen angießen. Die Flans im Ofen (Mitte, Umluft 160°) in 25–30 Min. stocken lassen.

Tips: Ein Gemüseflan wird als warme Vorspeise oder Beilage serviert.

Das Wasserbad sollte nur sieden und nicht kochen. Sonst geht der Flan zu sehr auf und wird löchrig.

Machen Sie am besten die Garprobe mit einem Holzspießchen: Wenn die Masse nicht kleben bleibt, ist der Flan gar.

Ein Flan kann natürlich auch in einer einzigen, größeren Form gegart werden.

Etwas von dem jeweiligen Gemüse als Julienne oder fein geraspelt als Garnitur auf den fertigen Flan setzen. Oder kleine Gemüseperlen ausstechen, garen und den Flan damit umkränzen.

Spargelflan

Vom Spargel großzügig den unteren Teil abschneiden, den Spargel waschen und klein hacken. 1 1/2 EL Butter zerlassen, den Spargel darin andünsten, mit Salz, Pfeffer, 1 kräftigen Prise Zucker und Muskat würzen.

Sahne und Milch dazugießen und alles dickflüssig einkochen lassen. Mit dem Pürierstab pürieren, Eigelbe und Petersilie unterrühren. Die Masse in vier gebutterte Förmchen füllen und im heißen Wasserbad im Ofen bei 180° (Umluft 160°) 20–25 Min. garen. Nach Belieben mit beiseite gelegten Spargelspitzen garnieren.

Als Beilage zu Fisch, Kalbs- oder Geflügelfrikassée servieren.

Zutaten für 4 Personen:

250 g grüner Spargel
2 EL Butter
Salz
weißer Pfeffer
Zucker
frisch geriebene Muskatnuß
je 4 EL Sahne und Milch
2 Eigelbe
1 EL frisch gehackte Petersilie

Zubereitungszeit: 45 Min.
(+ 20–25 Min. Backzeit)
Pro Portion etwa:
575 kJ / 140 kcal
3 g EW / 13 g F / 4 g KH

Für Gäste

Zutaten für 4 Personen:

500 g Zucchini
2 EL Butter
Salz
weißer Pfeffer
frisch geriebene Muskatnuß
3 Eier
150 g Crème fraîche
Butter für die Form

Zubereitungszeit: 30 Min.
(+ 25 Min. Backzeit)
Pro Portion etwa:
1070 kJ / 255 kcal
6 g EW / 24 g F / 5 g KH

Preiswert

Zucchiniflan

Zucchini waschen, putzen, auf der Rohkostreibe grob raspeln. Die Butter zerlassen, Zucchini darin zugedeckt bei schwacher Hitze etwa 15 Min. dünsten. Mit Salz, Pfeffer und Muskat würzen.

Die Eier mit Crème fraîche verrühren, die Zucchini untermischen. Eine Savarinform (oder Portionsförmchen) buttern, die Masse einfüllen und im Wasserbad im Ofen bei 180° (Umluft 160°) 25 Min. garen.

Danach stürzen und beispielsweise als Vorspeise mit einer Kräuter-Joghurt-Sauce (Seite 112) servieren.

Broccoliflan

Den Broccoli putzen, waschen und in kleine Röschen zerteilen. In kochendem Salzwasser in 6 Min. weich garen. In ein Sieb gießen und abtropfen lassen. Einige Röschen beiseite legen.

Den Broccoli im Mixer pürieren und nach und nach Sahne und Eier dazugeben. Die Masse mit Pfeffer und Muskat abschmecken.

Die Förmchen buttern und die Masse einfüllen. Im Wasserbad im Ofen bei 180° (Umluft 160°) 20–25 Min. garen. Danach stürzen und beispielsweise mit Pilzen in Sahnesauce servieren. Mit Broccoliröschen garnieren.

Zutaten für 4 Personen:

500 g Broccoli
Salz
100 g Sahne
2 Eier
Pfeffer
frisch geriebene Muskatnuß
Butter für die Formen

Zubereitungszeit: 45 Min.
(+ 20–25 Min. Backzeit)
Pro Portion etwa:
535 kJ / 130 kcal
7 g EW / 9 g F / 8 g KH

Preiswert

SÜSSES AUS DEM OFEN

Pfirsich-Ricotta-Soufflé mit Pinienkernen

Zutaten für 4 Personen:

- 500 g Pfirsiche
- 3 EL Pinienkerne
- 4 Eier
- 100 g Zucker
- 200 g Sahne
- 500 g Ricotta (ersatzweise gut abgetropfter Magerquark)
- 5 EL Puderzucker
- Fett für die Form

Zubereitungszeit: 20 Min. (+ 35 Min. Backzeit)
Pro Portion etwa: 2550 kJ / 610 kcal
22 g EW / 37 g F / 52 g KH

Schnell

Die Pfirsiche heiß überbrühen, eiskalt abschrecken und häuten. Dann halbieren, die Steine entfernen und das Fruchtfleisch in kleine Würfel schneiden. Die Pinienkerne in einer beschichteten Pfanne unter Rühren bei mittlerer Hitze goldgelb rösten. Den Backofen auf 180° (Umluft 160°) vorheizen. Eine Souffléform von 1 1/2 l Inhalt fetten.

Die Eier trennen. Die Eigelbe mit dem Zucker in eine Schüssel füllen. Mit den Quirlen des Handrührgeräts zu einer cremigen, hellgelben Masse schlagen. Die Sahne und den Ricotta eßlöffelweise unterrühren. Die Eiweiße mit 4 EL Puderzucker zu sehr steifem Schnee schlagen. Zusammen mit den Pfirsichwürfeln und den Pinienkernen gleichmäßig unter die Ricottamasse heben.

Die Masse in die Form füllen, nur bis etwa zweifingerbreit unter den Rand. Das Soufflé im Ofen (unten) 35 Min. backen. Mit dem restlichen Puderzucker bestäubt sofort servieren.

Dazu paßt Himbeerpüree.

Kokossoufflé

Zutaten für 4 Personen:

- 60 g weiche Butter
- 60 g Zucker
- 100 g Kokosflocken
- 4 cl Kokoslikör nach Belieben
- 4 EL Sahne
- 3 Eier
- Fett für die Förmchen

Zubereitungszeit: 15 Min. (+ 30 Min. Backzeit)
Pro Portion etwa: 1630 kJ / 390 kcal
5 g EW / 27 g F / 28 g KH

Schnell

Die Butter mit dem Zucker in eine Schüssel füllen und mit den Quirlen des Handrührgeräts schaumig schlagen. Die Kokosflocken, Kokoslikör und die Sahne untermischen. Den Backofen auf 180° (Umluft 160°) vorheizen.

Eier trennen. Die Eigelbe unter die Kokosmasse rühren. Die Eiweiße zu sehr steifem Schnee schlagen und gleichmäßig unterheben.

Vier Souffléförmchen von je etwa 1/8 l Inhalt fetten und die Kokosmasse bis zweifingerbreit unter dem Rand einfüllen. Die Förmchen in den Ofen (unten) stellen und die Soufflés 30 Min. garen.

Tip: Sie können anstelle der Portionsförmchen auch eine große Soufflé- oder Auflaufform nehmen. Das Soufflé dann etwa 10 Min. länger garen.

Grießsoufflé mit Kirschkompott

Zutaten für 4 Personen:

Für das Kompott:
1 Glas Sauerkirschen (350 g Inhalt)
1 TL Speisestärke
2–3 EL Zucker
1 Stück unbehandelte Zitronenschale
Für das Soufflé:
1 Vanilleschote
1/4 l Milch · 60 g Grieß
1 Prise Salz
40 g Butter
5 Eier · 75 g Zucker
1 EL Puderzucker zum Bestäuben
Butter für die Form

Zubereitungszeit: 35 Min.
(+ 40 Min. Backzeit)
Pro Portion etwa:
1875 kJ / 450 kcal
11 g EW / 16 g F / 67 g KH

Für Gäste

Für das Kirschkompott die Kirschen mit dem Saft in einen Topf geben. 3 EL Saft abnehmen und mit der Speisestärke verrühren. Zucker und Zitronenschale zu den Kirschen geben. Alles aufkochen lassen, die Stärke einrühren, nochmals unter Rühren aufkochen lassen und vom Herd nehmen. In eine Schüssel füllen und auskühlen lassen.

Für das Grießsoufflé die Vanilleschote längs aufschlitzen und das Mark herausschaben. Die Milch in einen Topf gießen und den Grieß einrühren. Vanillemark, Salz und Butter dazugeben und alles unter Rühren einmal aufkochen lassen. Den Topf zur Seite stellen, damit der Grieß etwas ausquellen und abkühlen kann.

Die Eier trennen. Die Eiweiße steif schlagen, dabei nach und nach den Zucker einrieseln lassen. Den Backofen auf 200° (Umluft 180°) vorheizen. Eine Souffléform mit Butter fetten. Die Eigelbe unter den lauwarmen Grieß rühren, den Eischnee locker unterheben.

Die Grießmasse in die Form füllen (sie soll nur zu zwei Drittel gefüllt sein, da das Soufflé noch aufgeht). Die Form in eine große feuerfeste Schüssel oder einen Topf stellen und zweifingerbreit heißes Wasser zugießen. In den Ofen (unten) stellen und 40 Min. backen. Das Soufflé mit Puderzucker bestäuben und sofort mit dem Kirschenkompott servieren (oder stürzen und mit den Kirschen umgießen).

Der Tip vom Profi !

Vanilleschoten haben auch ohne Mark noch so viel Aroma, daß Sie daraus Vanillezucker herstellen können: Schneiden Sie die ausgekratzte Schote in kleine Stücke und füllen sie mit Zucker in ein Schraubglas.

Zutaten für 4–6 Personen:
1 kg reife Birnen (Butterbirnen, Williams Christ)
80 g Zucker
Saft und abgeriebene Schale von 1/2 unbehandelten Zitrone
1/8 l Weißwein
2–3 Zwiebäcke
40 g Butter
3 EL Mehl
4 Eier
3 EL Birnenschnaps (nach Belieben)
Salz
2 EL Puderzucker
Butter für die Form

Zubereitungszeit: 1 Std. (+ 40–45 Min. Backzeit)
Bei 6 Personen pro Portion etwa: 1375 kJ / 330 kcal
5 g EW / 10 g F / 49 g KH

Braucht etwas Zeit

Birnensoufflé

Die Birnen schälen, vierteln, vom Kerngehäuse befreien und jedes Viertel in 3 Spalten schneiden. Birnen in einen flachen Topf geben, die Hälfte des Zuckers, den Zitronensaft und die -schale sowie den Wein hinzufügen. Birnen bei schwacher Hitze zugedeckt 10 Min. dünsten, auskühlen lassen.

Die Zwiebäcke reiben. Eine Souffléform von etwa 1 1/2 l Inhalt fetten und mit den Zwiebackbröseln ausstreuen. Etwa ein Viertel der abgetropften Birnen pürieren, restliche Birnen in die Form schichten.

Die Butter in einem Topf erhitzen, das Mehl einrühren. Den Birnensud dazugießen und alles bei mittlerer Hitze mit dem Schneebesen so lange rühren, bis sich die Masse als glatter Kloß vom Topfrand löst. Zur Seite stellen. Den Backofen auf 180° vorheizen.

Die Eier trennen. Die Eigelbe, Birnenschnaps, Birnenpüree und 1 kräftige Prise Salz nach und nach unter die Mehlmasse rühren. Die Eiweiße steif schlagen, dabei nach und nach den restlichen Zucker einrieseln lassen. Ein Viertel Eischnee unter die Soufflémasse rühren, den Rest mit einem Spatel sorgfältig unterheben.

Die Masse auf den Birnen in der Form verteilen und glattstreichen. Im Ofen (Mitte, Umluft 160°) 40–45 Min. backen, bis das Soufflé schön aufgegangen und goldgelb ist. Mit Puderzucker bestäuben und sofort servieren. Dazu schmeckt kalte Vanillesauce.

Tip: Das Soufflé schmeckt auch mit Äpfeln (z. B. Boskop oder Gravensteiner), dann statt mit Birnengeist mit Calvados aromatisieren.

Kleine Quarksoufflés mit Aprikosensauce

Zutaten für 12 Personen:

Für die Aprikosensauce:
1 Dose Aprikosenhälften (420 g Inhalt)
1 unbehandelte Zitrone
80 g Zucker
6 cl Aprikosenlikör nach Belieben
Für die Soufflés:
250 g Magerquark
3 Eier
120 g Zucker
2 EL Speisestärke
Salz
50 g Butter
100 g Crème fraîche
Butter und Zucker für die Förmchen
eventuell Puderzucker zum Bestäuben und Minzeblättchen zum Garnieren

Zubereitungszeit: 40 Min. (+ 50 Min. Backzeit)
Pro Portion etwa: 890 kJ / 215 kcal
5 g EW / 9 g F / 28 g KH

Für die große Runde

Für die Aprikosensauce die Aprikosen in einem Sieb abtropfen lassen. Die Zitrone heiß waschen, trockenreiben und die Schale abreiben. Den Saft auspressen. 4 Aprikosenhälften in Spalten schneiden. Restliche Aprikosen im Mixer pürieren. Aprikosenmus mit etwa 5 EL Fruchtsaft, Zucker und der Hälfte vom Zitronensaft in ein Töpfchen geben, bei schwacher Hitze 8–10 Min. köcheln lassen. Vom Herd nehmen, die Fruchtspalten und 1/2 TL Zitronenschale untermischen und kalt stellen. Vor dem Servieren den Aprikosenlikör unterrühren.

Für die Soufflés den Quark in einem Sieb abtropfen lassen. Die Eier trennen, die Eiweiße mit 1 EL Zucker steif schlagen. Die Speisestärke mit dem restlichen Zitronensaft und der übrigen Schale verrühren. Eigelbe mit dem übrigen Zucker schaumig rühren. Den Backofen auf 180° vorheizen.

Den Quark, 1 kräftige Prise Salz, die Butter, Crème fraîche und die angerührte Speisestärke zu den Eigelben geben. Alles mit den Quirlen des Handrührgeräts schaumig rühren. Zum Schluß den Eischnee unterheben. 12 kleine Souffléförmchen oder feuerfeste Tassen von je etwa 100 ml Inhalt fetten und dünn mit Zucker ausstreuen.

Die Soufflémasse nur zu drei Viertel in die Förmchen füllen (je etwa 2 EL), die Förmchen in die Saftpfanne des Backofens stellen. 1 1/2 l heißes Wasser angießen. Soufflés im Ofen (Mitte, Umluft 160°) 50 Min. backen, bis sie goldbraun und schön aufgegangen sind. Auf Dessertteller stürzen und mit der Aprikosensauce umgießen. Sofort servieren und nach Belieben mit Puderzucker bestäuben und mit Minzeblättchen garnieren.

16%vol
Frères

Portweinsoufflé

Zutaten für 8 Personen:

50 g Roggenvollkornmehl (möglichst frisch gemahlen)
90 g brauner Zucker
1 TL Kakaopulver
1 Prise gemahlene Nelken
1/2 TL unbehandelte abgeriebene Zitronenschale
100 ml halbtrockener Rotwein (Spätburgunder)
1 Schnapsglas (2 cl) süßer Portwein
100 g Mascarpone
100 g schwarze Johannisbeeren
2 große oder 3 kleine Eier
Für die Förmchen:
Butter
je 2 EL brauner Zucker und feingeriebene Walnußkerne
1 Prise Zimt

Zubereitungszeit: 30 Min. (+ 30 Min. Backzeit)
Pro Portion etwa:
830 kJ / 200 kcal
4 g EW / 8 g F / 28 g KH

Schnell

Dazu paßt Rotwein, Portwein, Cassislikör oder Espresso.

Das Mehl in einem Topf mit der Hälfte des Zuckers, mit dem Kakao, den Nelken und der Zitronenschale mischen, mit dem Rotwein glattrühren und unter Rühren einmal kräftig aufkochen lassen. Den Topf vom Herd nehmen. Den Portwein und den Mascarpone mit dem Schneebesen unter die heiße Masse rühren.

Acht feuerfeste Förmchen von je etwa 150 ml Inhalt gut fetten. Den Zucker mit den Nüssen und dem Zimtpulver mischen und die Förmchen damit ausstreuen. Die Beeren waschen, trockentupfen und von den Stielen zupfen oder mit einer Gabel abstreifen. Den Backofen auf 200° (Umluft 180°) vorheizen.

Die Eier trennen. Die Eigelbe unter die inzwischen lauwarm abgekühlte Masse rühren. Die Eiweiße mit dem restlichen Zucker sehr steif schlagen, dann nach und nach vorsichtig unter die Roggenmasse heben. Die Förmchen zur Hälfte mit der Masse füllen, die Beeren darauf streuen, die restliche Masse darüber verteilen.

In den Backofen (Mitte) schieben, die Temperatur auf 190° (Umluft 170°) herunterschalten. Die Soufflés in 30 Min. goldbraun backen, dabei auf keinen Fall die Backofentür öffnen. Die Förmchen noch etwa 5 Min. im ausgeschalteten Ofen stehenlassen, dann sofort servieren.

Varianten:

Buchweizensoufflé mit Sauerkirschen

200 g Sauerkirschen waschen, entstielen und entsteinen. Das geht am besten mit dem Kirschentsteiner. Statt Roggenvollkornmehl frisch gemahlen Buchweizen nehmen, Nelken weglassen und das Ganze nach Wunsch mit ungesüßtem Kirschsaft statt Rotwein zubereiten. Ansonsten ganz nach der Beschreibung oben vorbereiten und backen.

Kumquat-Mais-Soufflé

Statt Roggenmehl feinen Maisgrieß nehmen, den Kakao und die Zitronenschale weglassen, statt Rot- und Portwein nur 100 ml Orangensaft verwenden. Statt Johannisbeeren Kumquats waschen, putzen, einmal quer und einmal längs teilen, von den Kernen befreien. Dann die Fruchtviertel zusammen mit den Eigelben unter die Masse rühren. Zum Ausstreuen der Förmchen Hasel- statt Walnüssen verwenden.

Tip: Schwarze Johannisbeeren sind besonders aromatisch und enthalten eine ganze Menge Vitamin C. Allerdings sind sie nicht immer leicht zu bekommen. Falls keine im Angebot sind, nehmen Sie Brombeeren oder Himbeeren beziehungsweise selbst gepflückte Holunderbeeren. Statt Portwein können Sie auch Cassis (einen Likör aus schwarzen Johannisbeeren) nehmen.

Mehl mit Zucker, Kakao und Gewürzen mischen, Rotwein unter Rühren angießen.

Johannisbeeren lassen sich nach dem Waschen ganz einfach mit einer Gabel von den Rispen streifen.

Eiweiß sehr steif schlagen, dabei nach und nach den übrigen Zucker einrieseln lassen.

Zutaten für 8 Personen:
100 g Walnußkerne
100 g Honig
100 g Sahne
50 g Butter
1 Prise Zimt
100 ml Milch
400 g säuerliche Äpfel (z. B. Boskop)
2 EL Weizenvollkornmehl (20 g)
4 Eier
Butter für die Förmchen
2 EL brauner Zucker und Butterflöckchen zum Bestreuen und Belegen

Zubereitungszeit: 20 Min. (+ 20 Min. Backzeit)
Pro Portion etwa: 935 kJ / 225 kcal
5 g EW / 14 g F / 23 g KH

Schnell

Walnuß-Apfel-Flan

8 feuerfeste Förmchen oder Tassen von je etwa 150 ml Inhalt fetten und die Hälfte der unzerkleinerten Nüsse darin verteilen.

In einem Topf den Honig mit der Sahne, der Butter und dem Zimt so lange unter ständigem Rühren kochen lassen, bis die Masse beginnt, etwas dunkler zu werden und nach Karamel duftet. Das dauert 3–4 Min. Dann den Topf vom Herd nehmen. Mindestens 1 Min. abkühlen lassen. Den Backofen auf 190° (Umluft 170°) vorheizen.

Die Hälfte der Karamelmasse mit einem Löffel über die Nüsse in den Förmchen verteilen. Die restliche Karamelmasse mit der Milch glattrühren. Die Äpfel schälen und rings um das Kernhaus grob in den Topf raspeln. Die Apfelraspel mit dem Mehl unter die Masse rühren. Dann die Eier gründlich darunterrühren. Die Masse in den Förmchen verteilen und glattstreichen. Den Großteil der restlichen Nüsse darüber verteilen und mit dem braunen Zucker bestreuen. Mit Butterflöckchen belegen.

Die Flans im Ofen (Mitte) 20 Min. backen, bis die Eimasse gestockt und goldbraun ist. Hölzchenprobe machen. Herausnehmen, mit einem schmalen Messer vom Rand lösen. Die Flans vorsichtig herausnehmen und auf Dessertteller setzen. Mit den übrigen Nußhälften belegen. Warm servieren.

Tip: Statt Walnußkernen ganze geschälte Mandeln oder ganze Haselnußkerne verwenden. Haselnüsse zuvor in einer trockenen schweren Pfanne leicht anrösten.

Dazu paßt Mineralwasser, Apfelsaft oder Calvados.

Joghurtauflauf mit Himbeeren

Zutaten für 4 Personen:
500 g Himbeeren (ersatzweise tiefgekühlt)
1 EL Himbeergeist
80 g Zucker
40 g weiche Butter
3 EL Puderzucker
5 Eier
1 Vanilleschote
1 TL unbehandelte abgeriebene Zitronenschale
1 EL Zitronensaft
Salz
200 g Bulgara-Joghurt
1 EL Speisestärke
2 EL Mehl
Butter für die Form

Zubereitungszeit: 45 Min.
(+ 35–45 Min. Backzeit)
Pro Portion etwa:
1615 kJ / 385 kcal
10 g EW / 17 g F / 49 g KH

Für Gäste

Die Himbeeren verlesen, mit dem Himbeergeist und 3 EL Zucker vermischen. Zugedeckt beiseite stellen.

Die Butter mit dem Puderzucker schaumig rühren. Die Eier trennen, Eigelbe nach und nach unter die Buttercreme rühren. Die Vanilleschote längs aufschlitzen, das Mark herauskratzen. Vanillemark, Zitronenschale und -saft, 1 Prise Salz, Joghurt und nach und nach Speisestärke und Mehl unter die Buttermasse rühren.

Die Eiweiße mit 2 EL Zucker steif schlagen. Vorsichtig unter die Auflaufmasse heben. Den Backofen auf 180° vorheizen. Eine feuerfeste Form mit Butter fetten und mit dem restlichen Zucker ausstreuen. Die Hälfte der Masse in die Form geben, die Hälfte der Himbeeren darauf verteilen. Mit der übrigen Masse bedecken und im Ofen (Mitte, Umluft 160°) in 35–45 Min. goldgelb backen. Falls die Oberfläche zu schnell bräunt, mit Alufolie abdecken. Mit den restlichen Himbeeren umlegt servieren.

Das besondere Rezept !

Nach einem leichten Hauptgericht – zum Beispiel Gemüse und/oder Fisch – freuen sich Ihre Gäste sicher auch einmal über ein etwas üppigeres Dessert. Damit es abends schneller geht, sollten Sie die Himbeeren schon nachmittags marinieren. Und: Die Butter-Eiermasse ist in der Küchenmaschine besonders schnell hergestellt. Wenn Sie das Dessert gleich nach dem Hauptgang servieren möchten, muß der Auflauf schon in den Ofen, bevor Sie sich zu Tisch setzen.
Falls Sie keine frischen Himbeeren bekommen, nehmen Sie tiefgekühlte. Für die Garnitur sollten Sie sie dann pürieren und darüber träufeln.

Zutaten für 4 Personen:
250 g Magerquark
500 g frische Sauerkirschen (ersatzweise aus dem Glas)
1 unbehandelte Zitrone
14 Zwiebäcke
50 g Butter
120 g Zucker
4 Eier
2 EL Vanille-Puddingpulver
40 g Mandelstifte
Butter und 3 EL Zucker für die Form
Zucker zum Bestreuen

Zubereitungszeit: 50 Min. (+ 35 Min. Backzeit)
Pro Portion etwa: 2860 kJ / 685 kcal
22 g EW / 25 g F / 101 g KH

Gelingt leicht

Kirsch-Quark-Auflauf

Den Quark in einem Sieb abtropfen lassen. Kirschen waschen und entsteinen. Die Zitrone heiß abspülen, trockenreiben und die Schale abreiben. Die Zwiebäcke in kleine Stücke brechen. Die Butter in einer großen Pfanne erhitzen, 2 EL Zucker einrühren und schmelzen lassen. Die Zwiebackstückchen darin in 3–4 Min. bei mittlerer Hitze unter Rühren anrösten.

Eine große flache Auflaufform fetten und mit Zucker ausstreuen. Den Formboden mit Zwieback bedecken, die Kirschen darauf verteilen und mit dem restlichen Zwieback bedecken. Den Backofen auf 200° vorheizen.

Die Eier trennen, die Eiweiße mit 1 EL Zucker steif schlagen. Eigelbe mit der Zitronenschale und dem restlichen Zucker cremig rühren. Den Quark und das Puddingpulver unterrühren, den Eischnee locker unterheben.

Die Quarkmasse auf dem Zwieback verstreichen, die Mandelstifte darüber streuen. Den Auflauf im Ofen (unten, Umluft 180°) 35 Min. backen. Mit etwas Zucker bestreuen und warm servieren.

Dazu paßt kalte Vanillesauce.

Tip: Dieser Auflauf schmeckt auch mit anderen Früchten, beispielsweise Zwetschgen, Aprikosen oder Johannisbeeren. Und statt Zwieback können Sie altbackene Brötchen (vorher in Milch eingeweicht) verwenden.

Zutaten für 4–6 Personen:

50 g grob gemahlene Walnußkerne
60 g frisch gemahlener Mohn
1 Prise Zimt
1 Prise gemahlene Vanille (Reformhaus)
50 g Weizenvollkorngrieß
2 EL Kakaopulver
80 g Butter
50 g flüssiger Blütenhonig
50 g Ahornsirup
1/8 l Milch
500 g Birnen
50 g brauner Zucker
3 Eier
500 g Magerquark
2 cl Amaretto (ersatzweise 2 EL Sahne)
Butterflöckchen zum Belegen
Für die Form:
Butter, je etwa 3 EL brauner Zucker und grob gemahlene Walnußkerne

Zubereitungszeit: 30 Min.
(+ 50 Min. Backzeit)
Bei 6 Personen pro Portion etwa: 1980 kJ / 475 kcal
20 g EW / 25 g F / 47 g KH

Für Gäste

Quarkauflauf mit Mohn

Die Nüsse und den Mohn bei mittlerer Hitze unter ständigem Wenden rösten, bis sie beginnen, angenehm zu duften, den Zimt und die Vanille unterrühren. Den Grieß, den Kakao, die Butter, den Honig und den Ahornsirup hinzufügen und rühren, bis die Butter flüssig geworden ist. Dann die Milch unterrühren. Vom Herd nehmen und die Masse unter gelegentlichem Umrühren lauwarm abkühlen lassen.

Inzwischen eine nicht zu flache feuerfeste Form fetten. Den Zucker und die Nüsse mischen und die Form damit ausstreuen. Restliche Mischung beiseite legen. Die Birnen vierteln, schälen, von den Kerngehäusen befreien und grob würfeln. Mit 1 EL Zucker mischen. Den Backofen auf 190° vorheizen.

Die Eier trennen. Die Eiweiße mit dem restlichen Zucker zu steifem Schnee schlagen. Die Eigelbe, den Quark und den Amaretto gründlich unter die Mohnmasse rühren, die Birnenwürfel untermischen. Den Eischnee nach und nach unterziehen. Die Masse in der Form glattstreichen. Mit der restlichen Zucker-Nuß-Mischung bestreuen und mit Butterflöckchen belegen.

Den Auflauf im Ofen (unten, Umluft 170°) 50 Min. backen, bis die Masse gestockt und goldbraun ist. Herausnehmen, warm servieren.

Tips: Kakaopulver weglassen und statt Birnenwürfeln entsteinte halbierte Zwetschgen nehmen. Oder ohne Kakaopulver und statt mit Walnüssen mit geschälten grob gemahlenen Mandeln und statt Birnen mit entsteinten entstielten Süßkirschen zubereiten.

Zutaten für 4 Personen:

- 100 g Vollkornzwieback
- 200 g gemischte Beeren (z. B. Stachelbeeren, rote und schwarze Johannisbeeren, Heidelbeeren, Walderdbeeren, Himbeeren)
- 100 g brauner Zucker
- 3 Eier
- 100 g Sahne
- 50 ml Milch
- 50 g flüssiger Blütenhonig
- 1 Prise gemahlene Vanille (Reformhaus)
- 1/2 TL Zimt
- 150 g saure Sahne
- Butter für die Form

Zubereitungszeit: 25 Min. (+ 20 Min. Backzeit)
Pro Portion etwa: 1845 kJ / 440 kcal
12 g EW / 19 g F / 55 g KH

Schnell

Beerengratin

Eine flache feuerfeste Form oder vier Förmchen von je etwa 3/8 l Inhalt fetten. Die Hälfte der Zwiebäcke in jeweils etwa 4 Stücke brechen und in die Form geben. Die Beeren waschen, abtropfen lassen und darübergeben. Mit 2 EL Zucker bestreuen. Die restlichen Zwiebäcke ebenfalls zerbrechen und darüber verteilen. Den Backofen auf 190° (Umluft 170°) vorheizen.

Die Eier trennen. Die Eigelbe mit der Sahne, der Milch, dem Honig und der Vanille glattrühren. Die Eiweiße mit der Hälfte des restlichen Zuckers nicht zu steif schlagen. Nach und nach unter die Eigelb-Sahne-Mischung ziehen. Gleichmäßig über die Zutaten in der Form gießen. Dann die oberen Zwiebäcke einmal umdrehen.

Den Auflauf im Ofen (unten) 15 Min. backen, bis die Eimasse gestockt und hellbraun ist.

Inzwischen den restlichen Zucker mit dem Zimt mischen. Die saure Sahne glattrühren. Den Auflauf aus dem Backofen nehmen. Die saure Sahne mit einem Löffel auf der Oberfläche verteilen, den Zimtzucker gleichmäßig darüber streuen. Den Auflauf im Ofen (oben) in weiteren 5 Min. knusprig goldbraun backen. Warm servieren.

Dazu paßt Mineralwasser, kalte Milch oder Milchkaffee.

Gratin aus exotischen Früchten

Die Ananas schälen und längs vierteln. Den harten Strunk in der Mitte entfernen. Die Ananasviertel in kleinere Stücke schneiden. Die Mango schälen, das Fruchtfleisch in schmalen Spalten rund um den Kern abschneiden. Die Kiwis schälen, der Länge nach achteln.

Vier flache Gratinförmchen fetten, die Früchte hineinlegen, mit Rum beträufeln. Den Backofen auf 220° (Umluft 200°) vorheizen.

Die Eier trennen. Die Eigelbe mit dem Zucker mit den Quirlen des Handrührgeräts zu einer hellgelben, cremigen Masse verrühren. Dabei die Speisestärke und die Crème fraîche unterrühren.

Die Eiweiße zu sehr steifem Schnee schlagen und unterheben. Die Crème gleichmäßig auf den Früchten verteilen. Mit den Kokosflocken bestreuen und im Ofen (Mitte) in 15 Min. goldbraun gratinieren.

Zutaten für 4 Personen:

- 1 mittelgroße frische Ananas
- 1 reife Mango · 2 Kiwis
- 6 cl weißer Rum (ersatzweise 2 EL Zitronensaft)
- 3 Eier · 50 g Zucker
- 2 EL Speisestärke
- 150 g Crème fraîche
- 2 EL Kokosflocken
- Butter für die Förmchen

Zubereitungszeit: 25 Min. (+ 15 Min. Backzeit)
Pro Portion etwa: 1915 kJ / 435 kcal
6 g EW / 11 g F / 51 g KH

Schnell

Gebackene Feigen mit Sesam und Wein

Zutaten für 4 Personen:
12 frische reife Feigen
3 EL Zucker
1/2 unbehandelte Orange
30 g Sesamsamen
50 ml süßer Dessertwein
1 Zweig Zitronen-Thymian
200 g griechischer Sahne-Joghurt
2 EL flüssiger Honig

Zubereitungszeit: 35 Min.
(+ 25 Min. Backzeit)
Pro Portion etwa:
1175 kJ / 280 kcal
5 g EW / 6 g F / 53 g KH

Läßt sich gut vorbereiten

Die Feigen waschen und gut abtropfen lassen. Den Zucker in ein helles Pfännchen geben, mit ein paar Tropfen Wasser anfeuchten und bei mittlerer Hitze goldgelb karamelisieren lassen.

Von der Orange 1/2 EL Schale abreiben, den Saft auspressen. Den Backofen auf 180° (Umluft 170°) vorheizen. Das Pfännchen vom Herd nehmen, den Sesam und die Orangenschale unter den Karamel rühren, den Orangensaft und den Dessertwein angießen. Wieder auf die Herdplatte stellen und einmal aufkochen lassen.

Die Feigen in eine passende Auflaufform setzen. Den Zitronen-Thymian zwischen die Früchte stecken, den Sirup darüber gießen. Mit Deckel oder Alufolie abdecken und in den Ofen (Mitte) schieben, 25 Min. backen.

Den Sahne-Joghurt mit dem Honig glatt verrühren. Die Feigen warm oder kalt servieren, den Joghurt dazu reichen.

Tip: Das Pfännchen sollte hell sein, damit man gut sehen kann, wann der Zucker anfängt, braun zu werden.

Dazu paßt ein leicht gekühlter Dessertwein wie Mavrodaphne oder Cream Sherry, eine deutsche Auslese oder griechischer Samoswein.

Apfelgratin mit Vanillesauce

Zutaten für 4–6 Personen:

Für die Streusel:
100 g Mehl
2 EL Zucker
100 g Butter
Für die Äpfel:
6 säuerliche Äpfel (z. B. Boskop)
2 EL Zitronensaft
1 TL unbehandelte abgeriebene Zitronenschale
5 EL Zucker
Für die Sauce:
2 Eigelbe
2 EL Zucker
1 EL Speisestärke
400 ml Sahne
1 Vanilleschote
Fett für die Form

Zubereitungszeit: 50 Min. (+ 25 Min. Backzeit)
Bei 6 Personen pro Portion etwa: 2195 kJ / 525 kcal
5 g EW / 33 g F / 55 g KH

Preiswert

Für die Streusel das Mehl mit dem Zucker vermischen, die Butter in Stücken mit einem Messer unterhacken, mit den Händen zu Bröseln verreiben.

Backofen auf 220° vorheizen. Die Äpfel waschen, schälen, vierteln und die Kerngehäuse ausschneiden. Die Apfelviertel in dünne Scheiben schneiden und mit dem Zitronensaft beträufeln. Die Zitronenschale mit dem Zucker vermischen. Eine flache Auflaufform fetten, die Apfelscheiben schichtweise einfüllen und jede Lage mit Zitronenzucker bestreuen.

Die Streusel darüber streuen und die Form in den Ofen (Mitte, Umluft 200°) schieben. Apfelgratin in 25 Min. goldbraun backen.

Inzwischen für die Sauce die Eigelbe mit Zucker in eine Kasserolle geben. Die Speisestärke mit etwas Wasser glattrühren und mit der Sahne dazugeben. Die Vanilleschote längs aufschlitzen und das Mark zur Sahne kratzen, die Schote ebenfalls in den Topf geben.

Alles bei schwacher Hitze unter ständigem Rühren langsam erhitzen, bis die Sauce bindet. Sie darf nicht kochen, sonst gerinnen die Eigelbe. Vom Herd nehmen, die Vanilleschote entfernen und die Sauce in eine Schale füllen. Extra zum Gratin servieren.

Tip: Das Dessert können Sie warm oder kalt servieren.

Variante:
Apfelgratin mit Biskuitbröseln

Statt der Streusel 150 g trockene Biskuitreste zerbröseln und in 1 EL Butter kurz anrösten. Die Äpfel wie oben vorbereiten und in die Form einfüllen. Mit den Biskuitbröseln bestreuen und mit etwas Wein oder Traubensaft beträufeln. 2 EL Butter in Flöckchen darauf verteilen und das Gratin wie oben backen.

Die Butter im Mehl mit einem Messer fein hacken, dann mit den Fingern rasch zu Streuseln kneten.

Die Äpfel nach dem Schälen vierteln und jeweils die Kerngehäuse herausschneiden.

Die Vanilleschote längs aufschlitzen, auf die Arbeitsfläche legen und das Mark herauskratzen.

Zutaten für 4 Personen:
1 kg dickfleischige Kirschen
6 Brötchen vom Vortag
1/2 l lauwarme Milch
4 Eier
125 g Zucker
1 Päckchen Bourbon-Vanillezucker
abgeriebene Schale von 1 unbehandelten Zitrone
1/2 TL Zimt
Butter für die Form und zum Belegen
Puderzucker zum Bestäuben

Zubereitungszeit: 40 Min. (+ 45–50 Min. Backzeit)
Pro Portion etwa: 2095 kJ / 500 kcal
16 g EW / 13 g F / 85 g KH

Gelingt leicht

Kirschenmichel

Die Kirschen waschen, entstielen und entsteinen. Die Brötchen in Scheiben schneiden.

Die Milch in eine große Schüssel gießen und mit den Eiern, Zucker und Vanillezucker, der Zitronenschale und dem Zimt verrühren.

Eine große Auflaufform gut mit Butter fetten. Den Boden der Form mit einer Lage Brötchenscheiben bedecken, darauf Kirschen verteilen. Wieder eine Schicht Brötchenscheiben einlegen und mit Kirschen bedecken. So fortfahren, bis Brötchen und Kirschen verbraucht sind. Die Eiermilch darüber gießen und alles 10 Min. durchziehen lassen. Den Backofen auf 200° vorheizen.

Den Kirschenmichel mit Butterflöckchen belegen und im Backofen (unten, Umluft 180°) in 45–50 Min. goldbraun backen. Vor dem Servieren mit Puderzucker bestäuben.

Tips: 3 EL Kirschwasser zur Milch geben.

Gehackte Walnüsse zwischen die Schichten streuen.

Kirschenmichel mit einer Vanillesauce (Seite 133) oder mit Zimt und Zucker bestreut servieren.

Ist die Kirschensaison vorbei, eingemachtes Obst verwenden.

Statt Kirschen Zwetschgen nehmen und einen »Zwetschgenmichel« backen.

Zutaten für 4 Personen:

50 g Rundkorn-Naturreis
50 g Rosinen oder Sultaninen
1 walnußgroßes Stück Ingwer
200 ml Orangensaft
250 g Birnen
1 Banane
2 EL Honig
250 g Mascarpone
2 EL Kakaopulver
2 EL brauner Zucker
1 Prise Zimt
2 Eier
Butter für die Form

Zubereitungszeit: 1 Std.
(+ 40–45 Min. Backzeit)
Pro Portion etwa:
2265 kJ / 540 kcal
9 g EW / 33 g F / 57 g KH

Läßt sich gut vorbereiten

Schokoladenreis-Auflauf mit Birnen

Den Reis und die Rosinen in einem Sieb unter fließendem Wasser waschen. Den Ingwer schälen und in einen kleinen Topf fein reiben. Den Orangensaft, den Reis und die Rosinen hinzufügen, zum Kochen bringen und zugedeckt bei schwacher Hitze 30 Min. köcheln lassen. Dann in weiteren 10 Min. ausquellen lassen.

Inzwischen eine flache feuerfeste Form fetten. Die Birnen vierteln, schälen, von den Kerngehäusen befreien und klein würfeln. Die Banane schälen und ebenfalls klein würfeln. Den Backofen auf 180° vorheizen.

Den Honig, etwa drei Viertel den Mascarpone und das Kakaopulver unter die heiße Reismasse rühren. Die Fruchtwürfel untermischen. Den restlichen Mascarpone mit 1 EL Zucker und dem Zimt glattrühren und beiseite stellen. Die Eier trennen. Die Eiweiße mit dem restlichen Zucker steif schlagen. Die Eigelbe gründlich unter die Reismasse rühren. Dann den Eischnee nach und nach darunterziehen.

Die Masse in der Form glattstreichen. Den Auflauf im Ofen (unten, Umluft 160°) 40–45 Min. backen, bis die Masse gestockt ist. Eventuell noch 5–10 Min. im ausgeschalteten Backofen stehenlassen. Die restliche Mascarponecreme vorsichtig über dem Auflauf verteilen, warm servieren.

Als Getränk paßt Mineralwasser, Orangensaft oder Cappuccino.

Erdnuß-Möhren-Auflauf

Zutaten für 4 Personen:

250 g Möhren
50 g brauner Zucker
1 Prise Zimt
50 g flüssiger Blütenhonig
1 Banane
100 g Erdnußmus
2 EL Walnußöl
1 EL Zitronensaft
50 g Dinkelvollkornmehl (möglichst frisch gemahlen)
2 Eier
Butterflöckchen zum Belegen
Für die Form:
Butter, je 3 EL brauner Zucker und ungesalzene gemahlene Erd- oder Haselnüsse, 1 Prise Zimt

Zubereitungszeit: 30 Min. (+ 30–35 Min. Backzeit)
Pro Portion etwa: 1920 kJ / 460 kcal
13 g EW / 21 g F / 55 g KH

Schnell

Die Möhren schälen und fein reiben. In einer Schüssel mit der Hälfte des Zuckers, dem Zimt und dem Honig mischen.

Eine flache feuerfeste Form fetten. Den Zucker mit den Nüssen und dem Zimt mischen. Die Form mit einem Teil davon ausstreuen. Die restliche Mischung beiseite stellen.

Die Banane schälen und mit dem Erdnußmus zu den Möhren geben, alles mit einer Gabel fein zerdrücken, Öl und Zitronensaft gut unter die Möhren mischen. Dann das Mehl darunterrühren. Die Eier trennen, die Eigelbe unter die Masse mengen. Den Backofen auf 190° vorheizen.

Die Eiweiße mit dem restlichen Zucker zu steifem Schnee schlagen und vorsichtig unter die Möhrenmasse ziehen. In die Form füllen. Die restliche Zucker-Nuß-Mischung darüber streuen und teilweise mit einer Gabel lose einmischen. Den Auflauf mit Butterflöckchen belegen und im Ofen (unten, Umluft 170°) in 30–35 Min. goldbraun backen.

Dazu paßt Mineralwasser oder Orangensaft.

Kürbisgratin mit Nüssen

Zutaten für 4–6 Personen:

6 Brötchen vom Vortag
3/4 l lauwarme Milch
1 kg Kürbis
80 g Butter
Salz · 200 g Zucker
2 cl brauner Rum nach Belieben
4 Eier
4–6 EL Zitronensaft
200 g gemahlene Haselnüsse
3 EL Kürbiskerne
Puderzucker zum Bestäuben
Butter für die Form

Zubereitungszeit: 1 Std. (+ 25–30 Min. Backzeit)
Bei 6 Personen pro Portion etwa: 2455 kJ / 590 kcal
15 g EW / 31 g F / 66 g KH

Gelingt leicht

Die Brötchen in dünne Scheiben schneiden und 20 Min. in der Milch einweichen.

Den Kürbis schälen, entkernen und in kleine Würfel schneiden. 3 EL Butter erhitzen, die Kürbiswürfel darin zugedeckt bei mittlerer Hitze 10–15 Min. dünsten. Mit 1 Prise Salz, 2 EL Zucker und dem Rum vermischen.

Eier mit dem restlichen Zucker schaumig rühren, den Zitronensaft unterrühren. Die eingeweichten Brötchen leicht ausdrücken. Die Eimasse mit dem Kürbis, den Brötchen und den Haselnüssen vermischen. Den Backofen auf 225° vorheizen. Die Kürbiskerne in einer Pfanne bei mittlerer Hitze unter Rühren leicht anrösten, unter die Kürbismasse rühren.

Eine feuerfeste Form fetten. Die Kürbismasse einfüllen und glattstreichen. Dicht mit der restlichen Butter in Flöckchen belegen und im Ofen (Mitte, Umluft 200°) 25–30 Min. überbacken. Vor dem Servieren mit Puderzucker bestäuben.

Lebkuchenauflauf mit Weinschaumsauce

Zutaten für 4 Personen:

5 Eier
150 g Zucker
1 unbehandelte Zitrone
60 g gemahlene Haselnüsse
2 EL Semmelbrösel
1/2 TL Lebkuchengewürz
Salz
80 g Butter
3 EL brauner Rum
3 Eigelbe
1/8 l Weißwein
1 kleiner Lebkuchen
2 EL Puderzucker
Für die Form:
Butter und 1 EL Mehl

Zubereitungszeit: 1 Std.
(+ 1 Std. Backzeit)
Pro Portion etwa:
1780 kJ / 425 kcal
11 g EW / 32 g F / 16 g KH

Für Gäste

Die Eier trennen. Die Eiweiße mit 1 EL Zucker steif schlagen. Die Eigelbe mit 2 EL Zucker schaumig rühren. Die Zitrone heiß waschen, die Schale abreiben. Die Hälfte der Schale, Haselnüsse, Semmelbrösel, Lebkuchengewürz und 1 Prise Salz vermischen. Die Butter schmelzen lassen, den Rum dazugießen. Eine runde (Pudding-)Form mit Butter ausstreichen und mit Mehl ausstäuben.

Den Backofen auf 180° vorheizen. Die Nußmischung mit den Eigelben verrühren. Eischnee und Rumbutter vorsichtig unterheben. Die Masse in die Form füllen und in eine feuerfeste Schüssel mit heißem Wasser stellen. Im heißen Ofen (Mitte, Umluft 160°) 1 Std. garen. Anschließend noch 10 Min. ruhen lassen.

Für die Weinschaumsauce den Zitronensaft, restlichen Zucker, 3 Eigelbe, Weißwein und restliche Zitronenschale in ein Töpfchen geben. Im heißen Wasserbad unter Rühren mit dem Schneebesen so lange schlagen, bis die Sauce dicklich und schaumig wird.

Den Auflauf mit einem spitzen Messer vom Rand der Form lösen und auf eine Platte stürzen. Mit der warmen Sauce begießen. Den Lebkuchen zerbröseln und daneben verteilen. Mit Puderzucker bestreuen und sofort servieren.

Zutaten für 6 Personen:

- 100 g Amaranth
- 2 EL brauner Zucker
- 100 ml Apfelsaft
- 1 EL Honig
- 100 g Sahne
- 100 g Schmand
- 1 Prise gemahlene Vanille (Reformhaus)
- 1 TL Zitronensaft
- 2 Eier
- 100 g gemischte Beeren (z. B. Himbeeren, Heidelbeeren, Preiselbeeren, Walderdbeeren)
- Butter für die Förmchen
- 6 TL brauner Zucker zum Bestreuen

Zubereitungszeit: 15 Min. (+ 15–20 Min. Backzeit)
Pro Portion etwa: 910 kJ / 220 kcal
5 g EW / 11 g F / 24 g KH

Schnell

Amaranthflan mit Waldbeeren

Den Amaranth in einem hohen Topf unter ständigem Rühren bei starker Hitze rösten, bis er »knistert« und zu poppen beginnt, dann noch gut 1 Min. weiterrühren, bis etwa die Hälfte der Körner gepoppt ist. Den Topf vom Herd nehmen, den Zucker schnell unter die Körner rühren und mit dem Apfelsaft ablöschen. Den Honig, die Sahne, den Schmand, die Vanille und den Zitronensaft unterrühren.

Den Backofen auf 180° (Umluft 160°) vorheizen. Sechs feuerfeste Förmchen von je etwa 150 ml Inhalt fetten.

Die Eier mit einem Schneebesen gründlich unter die inzwischen lauwarm abgekühlte Masse rühren. Die Beeren verlesen oder waschen und daruntermischen, einige als Verzierung beiseite legen.

Die Masse in den Förmchen verteilen. Jeweils gleichmäßig mit 1 TL Zucker bestreuen. Die Flans im Ofen (Mitte) in 15–20 Min. stocken lassen. Warm mit übrigen Beeren belegt servieren.

Dazu paßt Mineralwasser, Apfelsaft oder Beerenlikör.

Buchweizenflan mit Orangen

Vier feuerfeste Förmchen von je etwa 200 ml Inhalt gut fetten. Den Backofen auf 190° vorheizen.

Den Buchweizen mit dem Zucker, dem Kakao und dem Zimt mischen. Die Förmchen jeweils mit etwa 2 EL davon ausstreuen. Die restliche Mischung mit der Crème fraîche glattrühren, dann den Orangensaft, den Zitronensaft und die Eier darunterrühren. Die Masse in den Förmchen verteilen. Mit dem Zucker bestreuen und mit Butterflöckchen belegen.

Im Ofen (Mitte, Umluft 170°) 25 Min. backen, bis die Masse gestockt ist. Stäbchenprobe machen. Aus dem Backofen nehmen, 5–10 Min. stehenlassen.

Inzwischen die Ränder von vier großen Desserttellern mit Orangenscheiben oder -spalten belegen. Dann mit einem schmalen Messer am Rand der Förmchen entlangfahren, die Flans vorsichtig aus den Förmchen nehmen und in die Mitte der Teller setzen.

Tip: Die Flans mit Orangenzesten verzieren.

Zutaten für 4 Personen:

- 50 g Buchweizengrütze
- 50 g brauner Zucker
- 3 EL Kakaopulver
- 1 Prise Zimt
- 100 g Crème fraîche
- 1/4 l Orangensaft
- 2 TL Zitronensaft · 4 Eier
- Zum Bestreuen und Belegen: 2 EL brauner Zucker und Butterflöckchen
- 2 unbehandelte Orangen, in dünne Scheiben geschnitten
- Butter für die Förmchen

Zubereitungszeit: 15 Min. (+ 25 Min. Backzeit)
Pro Portion etwa: 1480 kJ / 355 kcal
9 g EW / 18 g F / 42 g KH

Schnell

Zutaten für 4 Personen:
Für den Teig:
100 g Mehl
1 TL Zucker
1/4 l Milch
2 Eier
Butter zum Braten
Für die Füllung:
200 g saure Sahne
2 Eier
1 EL Zucker
1 TL unbehandelte abgeriebene Zitronenschale
1 Beutel Krokant (25 g)
Zum Überbacken und Garnieren:
2 EL Puderzucker
4 Beleg-Kirschen (wahlweise)
Butter für die Form

Zubereitungszeit: 30 Min.
(+ 10–15 Min. Backzeit)
Pro Portion etwa:
1915 kJ / 460 kcal
14 g EW / 23 g F / 51 g KH

Schnell

Gratinierte Pfannkuchen

Für den Teig das Mehl mit Zucker und Milch verrühren, die Eier untermischen und zu einem glatten, dünnflüssigen Teig verquirlen. 15 Min. quellen lassen.

Für die Füllung die saure Sahne mit den Eiern und Zucker verrühren, die Zitronenschale und den Krokant untermischen.

Eine Pfanne bei mittlerer Stufe erhitzen, etwas Butter darin zerlaufen lassen und aus dem Teig nacheinander 4 hauchdünne Pfannkuchen (Crêpes) backen, pro Seite 2 Min. Die fertigen Pfannkuchen auf einen Teller legen. Den Backofen auf 230° (Umluft 210°) vorheizen.

Wenn alle Crêpes gebacken sind, jeden mit 3 EL Füllung bestreichen und aufrollen.

Eine flache Gratinform fetten und die Crêpes nebeneinander hineinlegen. Die restliche Füllung über die Crêpes streichen und mit Puderzucker bestäuben. Im Ofen (oben) in 10–15 Min. goldbraun überbacken. Inzwischen nach Wunsch die Beleg-Kirschen hacken, über die Crêpes streuen und diese heiß servieren.

Tip: Statt Krokant schmeckt dazu auch 1 Handvoll frische Beeren, z. B. Heidelbeeren.

Rezept- und Sachregister

KÜCHENDOLMETSCHER

Deutschland	Österreich	Schweiz
Aprikosen	Marillen	Aprikosen
Aubergine	Eierfrucht, Melanzane	Aubergine
Blumenkohl	Karfiol	Blumenkohl
Brötchen	Semmeln	Brödli
Chilischoten	Pfefferoni	Gewürzpaprika
Dicke Bohnen	Saubohnen	Puffbohnen
Eigelb	Eidotter	Eigelb
Eiweiß	Eiklar	Eiweiß
Grüne Bohnen	Fisolen	Grüne Bohnen
Hackfleisch	Faschiertes	Hackfleisch
Johannisbeeren	Ribisel	Trübeli
Kartoffeln	Erdäpfel	Kartoffeln
Lauch, Porree	Porree	Lauch
Lauchzwiebel		Frühlingszwiebel
Möhren (längliche)	Karotten	Rüebli
Möhren (rund)	Karotten	Möhrli
Meerrettich	Kren	Meerrettich
Parniermehl	Semmelbrösel	Paniermehl
Paprikaschoten	Paprika	Peperoni
Pellkartoffeln	Erdäpfel in der Schale	Gschwellti
Pilze	Schwammerln	Pilze
Quark	Topfen	Quark
Rosenkohl	Kohlsprossen	Rosenkohl
Sahne, saure	saurer Rahm	Sauerrahm
Sahne, süße	Obers, süßer Rahm	Rahm
Schmand	dicker saurer Rahm	dicker saurer Rahm
Stielmangold	Stielmangold	Krautstiel
Suppengrün	Wurzelwerk	Suppengrün
Tomate	Paradeiser	Tomate
Walnüsse	Baummüsse, Walnüsse	Baumnüsse
Weißkohl	Weißkraut	Weißkabis
Wirsing	Kohl	Wirz
Zucchini	Zucchini	Zucchini/ Zucchetti
Zuckerschote	Erbsenschote	Kefe

Impressum

Die Autoren

Cornelia Adam
Nach ihrer Ausbildung zur Hotelfachfrau verbrachte sie mehrere Jahre im Ausland, um Sprachen und Landesküchen zu »studieren«. Danach war sie mehrere Jahre Mitarbeiterin bei einer bekannten Frauenzeitschrift, in Versuchsküche und Redaktion. Inzwischen ist sie erfolgreiche Kochbuchautorin, die sich mit ihren unkomplizierten, schnellen Rezepten einen Namen gemacht hat.

Reinhardt Hess
Nach dem Studium der Germanistik und Geographie begann er als Redakteur bei der größten deutschen Kochzeitschrift, danach arbeitete er als Redaktionsleiter in Buchverlagen. Jetzt schreibt er als freier Autor Kochbücher und steht dabei selbst in der Küche, um neue Ideen und auf Reisen gesammelte Rezepte auszuprobieren. Sein Schwerpunkt in diesem Buch: Internationale Küche und Klassiker.

Marey Kurz
Sie stammt aus einer deutsch-baltischen Familie. Schon als junges Mädchen kochte und backte sie oft für die Eltern und Geschwister. Heute verwöhnt sie die eigene Familie und hat als Expertin für vollwertige Küche schon etliche erfolgreiche Bücher veröffentlicht.

Gudrun Ruschitzka
Die gebürtige Sächsin hat ihre berufliche Laufbahn mit einem Facharbeiterbrief als Köchin begonnen. Nach Bibliothekarschule und Kunstgeschichtestudium arbeitete sie in München bei einem international anerkannten Party-Service. Ihre Stärke: unkomplizierte Rezepte, die sich gut für viele Gäste eignen.

Die Temperaturstufen bei Gasherden variieren von Hersteller zu Hersteller. Welche Stufe Ihres Herdes der jeweils angegebenen Temperatur entspricht, entnehmen Sie bitte der Gebrauchsanweisung.

Die Fotografen

Michael Brauner, Food Fotografie
Nach Abschluß der Fotoschule in Berlin arbeitete er als Fotoassistent bei namhaften Fotografen in Frankreich und Deutschland und machte sich dann 1984 selbständig. Sein individueller, atmosphärereicher Stil wird überall geschätzt: in der Werbung sowie bei vielen bekannten Verlagen. In seinen Studios in Karlsruhe und Gordes (Provence) setzt er die Rezepte zahlreicher GU-Titel stimmungsvoll ins Bild.

Studio und Archiv für Foodfotografie Teubner
Das von Christian Teubner 1962 gegründete Unternehmen genießt international größtes Ansehen. Christian Teubner – Fotograf, Koch und Gourmet – hat auf unzähligen Reisen durch alle Kontinente das Wesen der Landesküchen kennengelernt. In seinem Studio wird dieses Wissen in hochwertige Profi-Bücher umgesetzt. Besonderes Augenmerk legt er dabei auf die naturgetreue Wiedergabe der verwendeten Produkte. Das Fotoarchiv umfaßt eine der größten Sammlungen an warenkundlichen Aufnahmen weltweit.

Redaktion: Katharina Lisson, Sabine Sälzer
Lektorat: Cornelia Schinharl
Warenkunde: Annette Heisch
Versuchsküche: Traute Hatterscheid, Renate Neis, Marianne Obermayr

Typografie: Kraxenberger Kommunikation
Herstellung: Eva Hehemann
Titel, Innentitel, Kapitelaufmacher, Rezeptfotos und Warenkundefotos Seite 21 (2 Kräutertöpfchen): Michael Brauner
Sonstige Bilder:
Getränkevignetten: StockFood
Rückseite großes Bild: Wolf Heider-Sawall
Alle anderen: Studio und Archiv für Foodfotografie Teubner

Satz: L & G 1000 GmbH, München
Repro: Longo, Bozen
Gesamtherstellung: BAWA Print & Partner GmbH
ISBN 3-7742-2385-8

Printed in Austria

Auflage 5.
Jahr 2001 2000 99

Umschlag-Vorderseite:
Kartoffel-Tomaten-Gratin
Je 400 g mehligkochende Kartoffeln, Tomaten und Zucchini waschen oder schälen und in Scheiben schneiden. Mit 2 in Ringe geschnittenen Zwiebeln und 100 g Speckscheiben dachziegelartig in eine feuerfeste Form schichten. Mit Salz, Pfeffer und frischem Thymian bestreuen. 250 g Sahne seitlich angießen. 100 g frisch geriebenen Emmentaler oder Bergkäse auf der Oberfläche verteilen und mit Butterflöckchen belegen. Bei 180° (Umluft 160°) 45 Min. backen.
Umschlag-Rückseite (von oben nach unten): Hirsesoufflé (Rezept Seite 106), Pilzpuffer-Gratin (Rezept Seite 33), Birnensoufflé (Rezept Seite 121)

Alle Aufnahmen entstanden auf Agfachrome 100 RS

DIE GU KÜCHENBIBLIOTHEK

Der Beginn einer wunderbaren kulinarischen Freundschaft.

Band für Band genießen.

Wer gerne kocht und öfter mal was Neues probiert, will mehr wissen über Rezepte, Warenkunde und Küchentechniken. Dafür gibt es jetzt die »GU Küchenbibliothek«. Diese neue Reihe ist das Standardwerk für die Küche 2000. Sie beantwortet alle Fragen, die sich in der modernen Küche stellen. Aktuell, ausführlich und mit appetitanregenden Fotos im neuartigen Stil – damit kein Erfolgsrezept verborgen bleibt.